心地いい毎日のつくりかた

PHP研究所

幸せな習慣

内田彩仍

はじめに

私の毎日は、たくさんの「習慣」で支えられています。
意識してやっていることも
気づかずいつも通りにしていることも含めると
数え切れないほどの習慣が、あるような気がします。

これまで、たわいもない日常を送りながら
しなれた習慣があることで、助けられてきたようにも思います。
朝の時間の過ごしかたや、掃除のしかた、仕事の進めかた、人づき合い……。
特別ではなく、いつもと同じ時間を過ごすことで
気が楽になる日もたくさんありました。

今の自分に見合うよう、更新していることもあります。
掃除なら、朝にできなくても、その日のどこかでやればいい。
洗濯も、曇っていてどうしようかと迷ったら
「今日は洗濯をしない日」にしよう。
食事は、いつでも支度に取りかかれるように、
工夫をしておこう。

「習慣」は、私にとって、自分を縛る決まりごとではなくて
幸せな毎日になるように
「自分にやさしく向き合うための決めごと」なのだと思います。

ここしばらくは
自分のこと、家族のこと、暮らしのこと
いろいろな変化がありました。
この一年を振り返ってみても
気持ちが忙しい日々があったように思います。

そんなときこそ、起き抜けの洗面台で満面の笑顔をつくり
自分に「おはよう」と声をかけて。
これを習慣にしていると、だんだんと日常でも
笑顔が増えていくのです。

この本では、私が、普段の暮らしのなかで続けていることや
気持ちの整えかた、ささやかにでも心がけていることなどを綴りました。

幸せな習慣が積み重なって
毎日が心地よく過ごせていることに
心から感謝しながら。

皆さまの暮らしと重ねながら
楽しんでもらえたら、嬉しいです。

内田彩仍

もくじ

3章　等身大のおしゃれ

4章　からだを労わる食事のこと

5章　大切な人の間で

6章　幸せを重ねるために

1章

すこやかに暮らすための習慣と心がけ

気持ちの切り替えかたを更新しておく

気持ちの切り替えがめっきり下手になりました。家事や仕事をやろうとしても、「やりたくないな」の文字がふっと頭に浮かぶと、かすかにあったやる気さえ、すっかり失せてしまうのです(笑)。

心の揺らぎも同様で、憂うつなままにしておくと、落ち着かず、ただ時間だけが過ぎていきます。ちょっと十五分だけ何をするでもなく気晴らしするつもりが、あっという間に一時間ほど経っていることもしょっちゅうで。心が窮屈なまま一日が過ぎてしまうのはもったいないから、自分を励ましながら、まずは行動に移す。間髪を入れず気持ちを切り替えたほうが、気も楽になります。

そのために「これで気分が変わる」という自分を立て直す方法を幾つか持つようになりました。それでも、同じやりかたを続けていると、脳が「今は気分転換したいんだ」と瞬時に理解してしまい、だんだん効果が薄れてくるのです。だから、気分が変わる術を更新していくことも、今は、機嫌よく暮らすコツだと思っています。

そんな方法を更新する秘訣は、「最近の自分を思い返す」こと。楽しかったとき、穏やかな気持ちになったとき、集中できたとき。その瞬間を思い出し、もう一度同じことをやってみます。すると今の気分に添うのか、すっと心が軽くなります。もうひとつ大事にしているのは手軽であること。わずかな時間で取り入れられることのほうが、弱っているときでも、気軽に試せるからいいのです。

切り替えかたを更新していくと、新しい好きなことも見つけられて、小さな喜びになっています。

日に何度か愛猫クリムと遊ぶ時間をつくります。クリムももう十二歳。ただそばに居てくれるだけで十分なのですが、まだ「遊ぼう」と誘いにきてくれるから、私も喜んで相手をします。

仕事で行き詰まったら

考えがまとまらなくなったら、近所の和菓子屋さんまでと、目的を持って散歩に出かけます。その日の気分で道を変えながら歩いていると、自分のなかに秘めていたものが、ふと顔を出すようで、新しいアイデアが浮かんだり、悩んでいたことの解決策がひらめいたりします。

やる気が起きない朝は

家事が億劫に感じる朝は、先に身支度を整えます。その二十分ほどの時間を利用して、ネット動画で海外の素敵なインテリアを眺めると、終わる頃には身支度も整い、好きな動画のおかげで、「さあ掃除をしよう」という前向きな気分になるのです。

集中したいときは

最近何かしていても「あれもあった、これもしなくては」と別のことに気が散って、なかなか先に進まないことがあります。そんなときはイヤホンで日本語の曲を聴きます。言葉の意味がわかる分、考えごとができなくなり、集中して家事をこなせます。

リラックスしたいときは

デスク仕事の気分転換には、テレビでYouTubeを選択。カフェにいるような雰囲気を味わえる、「BGMチャンネル」でジャズを聴きます。画面も素敵で、視覚からも心に届くようで、目新しい曲に癒されてリラックスできます。

心地いい朝のための習慣

①

十五分の二度寝でゆっくり目覚める

朝出かける予定があると、今はまださっと起きられるので、出かけないときの習慣。朝の十五分は貴重ですが、気持ちよく起きることを優先しています。

朝の時間がとても好きで、起きしなのひとときは、大切な時間です。幼い頃から目覚ましいらずで、朝起きられないなどと、思ったこともなかったのですが、ここのところ、目覚めるのに時間がかかるようになりました。早朝に一度、愛猫クリムの様子を見に起きることも一因かもしれません。それでも、朝すっきり目覚めると、「今日も大丈夫」と心に弾みがつくから、朝を快適に迎えられるよう、私なりの仕掛けをするようにしました。

まず、携帯電話のアラームを起きる時間の十五分前にセットしておきます。そこで「少しだるいな」と思ったら、再度十五分後にセットし直します。テレビをつけて、もう一度ベッドに潜り込み、流れてくる話題をなんとなく耳にしながら、「布団が温かいな」「誰かが遠くで喋っている」などと、うつらうつらしながら起床の準備。このたった十五分の二度寝が、何かにふんわり包まれているようで、至福の時間です。特に冬の寒い時期は、まずは暖房をつけておき、「次に起きたら部屋も温まっている」と感じながらの二度寝もまたいいのです。

それとは別に準備しておくこともあります。それは、眼鏡と靴下。朝のひんやりとした床を踏まずに済むよう、履き心地のよい靴下を用意しています。眼鏡も起きたらすぐにかけられるよう、きれいに洗って手が届く場所に。ちょっとしたことなのですが、この習慣でぼーっとする朝も、流れに乗って活動できるようになりました。

仕事が忙しくなったり、家族が病気になったり。暮らしの変化は誰にでも起こるもの。そんなときもなるべくなら大変さを感じずに、明るく朝を迎えたいと思います。どんなときでも楽しめるよう、手を替え品を替え、新しい朝を過ごす工夫をしていこうと思っています。

② 眼鏡と靴下を用意しておく

「寒いから起きたくないな」。自分が考えそうな言い訳はわかるので(笑)、先に手を打っておくようにしています。冬場の靴下はセリアのもこもこ靴下を愛用中。

③ 朝うがい

マウスウォッシュで口を五十回ゆすぎます。起き抜けの口臭も気にならなくなり、顎まわりの運動にもなるのか、顔のたるみにも効果がある気がします。

④ 家事の前に手を洗う

泡ソープできれいに手を洗います。そこから朝食作りを始めるのが毎朝のルール。清々しい朝を迎えるために、夜眠る前に洗面台を整え、タオルも替えておきます。

⑤ コップ一杯の水

朝の気分でグラスの色を選びます。白湯や常温の水を飲んでいたこともありましたが、今は冷えた炭酸水を飲むのが、腸活にもなって私には合うようです。

⑥ 整ったキッチンで朝食作り

片づいたキッチンで朝食作りを始められるよう、眠る前に整えておきます。朝の気持ちは一日を左右するから、余裕を持って進められるよう、夕食の支度をするときに、朝食用のサラダも作っておき、起きてきた夫と会話をしながら支度すると、和やかな朝時間を過ごせます。

新しいスタート地点

四十代後半は、自分の変化に戸惑うことばかりでした。目の下に一本できたしわが気になって、鏡を見るたびにファンデーションのヨレを直したり。肘のしわも目立つようになり、もう半袖は着ないようにしようと心に決めたり。マイナス部分ばかりに目がいって、「ふーっ」とため息をついていたように思います(笑)。

それから十年近く経ち、今ではほとんど気にならなくなりました。年齢による変化の勝手がわかってきたのか、いつものことと気にも留めなくなったり、対処法を見つけたり。もしかしたら五十代はある意味、これからの人生の新しいスタート地点で、何ごとにも順応していく時期なのかもしれません。

着こなしについても、肩肘張らない服選びができるようになりました。大人の風格なんて、そんなに簡単に身につくものではないから、今は、「いい着地点」を探りながら、繰り返し着てみることに。アクセサリーをつけてみたり、羽織るものを変えてみたり。変化を楽しみながら、そのなかに自分らしさを見つけて更新していけたら十分だと思うのです。

インテリアも同様。いい意味で手が抜けるようになったのか、部屋に花を飾るときも、水替えしづらい口が細い花器は、いくら素敵でもあまり使わなくなりました。気張り過ぎないということも、暮らしやすさの秘訣です。

日々、新しい発見や、今までとは違う自分に出会いながら、もしダメなところを見つけても、それを寛容に受け止められる、やわらかい心でいられるのが理想。私は私のままでこれからもつき合っていくのだから、自分を好きでいられたらと思うのです。

インテリアもシンプルになりました。花の水替えもしやすいよう、たくさんは飾らずに、目が行く場所にだけしつらえています。

何年か前から増えたグレーの服。家でもリラックスでき、小物ひとつで変化もつけやすいから、そのまま外出しやすいところが嬉しい。

肌馴染みのよいネイルカラー

手にしわが増えてきたから、悪目立ちしないよう、肌色がきれいに見えるネイルが理想です。最近は肌馴染みのよい薄い色や少しラメが入ったものに、保護も兼ねて透明ネイルを上から重ね塗りするようにしています。

昼寝

疲れやすくなってきたから、夕方からの家事に余力を残すためにも、以前は苦手だった昼寝をするようになりました。昼食後、眠気が襲ってきたときに十五分ほど。仕事の合間の昼寝は、思いの外すっきりして、疲れも取れます。

揺れるイヤリング

顔まわりが華やかに見える揺れるタイプのイヤリングは、小顔効果もあるようで、最近身につけるようになったもの。今まで身につけたことのないものを取り入れることで、新しい自分になった気がして、気分よくいられます。

サプリメント

足りない栄養素を補うために、幾つかのサプリメントを用意しています。「アレルケア」と「ポポンS錠」はもう十年以上の常備薬。最近加わった「命の母A錠」は、以前手のひらが熱くなったときに服用し、二、三日で症状が改善されました。

ゴールドグリッターのレペットのバレリーナシューズ。靴は下を向いたときに目に入るから、ちょっとおしゃれをしたい日に履くと気分が高揚する一足です。

まずは私が前向きに

何か月も前からチケットを取って楽しみにしていたミュージカルのライブビューイング。待ちに待ったその日が近づいてきたのですが、多忙な日々が続いていて、とても疲れていました。前日、「やはり行くのはやめようかな」と思い、準備はしたものの、あまり気乗りせずにいました。そんな気分なものだから、「ここのところクリムは体調がよくなさそうに見える」、「忙しいんだし、仕事の続きをやったほうがいいのでは?」などと、四時間ほど家を空けるだけなのに、躊躇する気持ちがどんどん大きくなってきました。それでも、「せっかくだし」と思い切って出かけることにしたのです。

ミュージカルはその日が千秋楽で舞台挨拶も行われ、結果的にはとても素敵な時間を過ごす

ユーズドで見つけたゴールドラメのカーディガン。観劇や食事など、いつもと違う特別感を味わいたいときに手に取る一着になりました。

ことができました。忙しさで疲れ切っていた気持ちもすっきり。そして、舞台挨拶での「今日の反省が明日への希望になる」という言葉にも勇気をもらい、終わる頃にはあれこれ考えていた悩みも、すっかり忘れていました(笑)。

私は、自分のことをついあとまわしにしてしまうところがあります。それもよしと思ってはいるけれど、その日の自分が、「今日、これをやってよかった」と思えることも大事だと、改めて気づきました。自分が幸せだと感じることで、心にゆとりが生まれて、まわりの人にもやさしくなれる気がするのです。

以前はさっとできたことが、面倒になったり、億劫に感じたりする近頃。だからこそ、やることばかりに追われてあたふたするより、優先順位をつけながら、自分がやりたいことも組み込んでいけたら、これからの人生の糧にもなり、前向きな気持ちで暮らせそうです。

YouTubeで旅をする

わが家のテレビがインターネットに繋がっていることを、つい最近知りました。そこで近頃は、テレビでYouTubeを見ています。例えば、「アルヴァ アアルト」と検索すれば、以前訪ねたことのあるアアルト自邸や、作品などがエンドレスに流れてきます。その場を旅行した懐かしさもあり、素敵な照明にも心が浮き立って、何度も見返しながら、また旅したような気分になりました。その場所に吹く風や日差しは感じられないけれど、旅先に思いを馳せながら眺めていると、とても癒されます。

先日は、小さな家が好きなので「スモールハウス」で検索したら、世界中の家を見ることができました。言葉はわからないけれど、興味があることだからか、耳は知っている単語を拾います。「今のは何?」とあとで調べ、「そういうことか」と納得するのも気分よく。家に居ながら学ぶこともでき、自分の興味が広がっていくようで、嬉しくなりました。

たくさんのスモールハウスを見ているうちに、その流れから「モリノネ」というチャンネルを見つけました。私が住む九州のよく知る場所での、森や里山の情景やアウトドアのワンシーンが見られるチャンネル。そこで紹介されるキャンプ料理がこれまた美味しそう。いつも夕食時に見ることが多く、私も夫もどちらかというとインドア派ですが、キャンプの疑似体験をしている気分になれて、心躍ります。

家で仕事をしたり、クリムの看病をしたり。そんな時間を過ごしながら、YouTubeで音楽を聴いたり、映像を見たり。家で過ごす楽しみが、またひとつ増えました。

以前訪れたことのあるアルヴァアアルトの自邸。その動画をたびたび見返しながら、旅の続きを楽しむのもいい時間。

もともと好きな北欧の家具や建築の本。関連する動画を見ると、新しい発見があって面白いのです。写真と映像、それぞれのよさを楽しんでいます。

やさしい気持ちになりたいときは

結婚してからずっと、家事=自分の時間、と考えていました。家事が趣味なので、眠る前の家事を済ませると、今日一日の暮らしを整えられた気になり、満たされました。それが今は、その頃理想としていた自分からは、少しかけ離れてしまったようです。

それでも、自分に対する期待値が高いのか、「好きなことなんだから、まだやれるでしょう」と勝手に思い込み、何年か前までは、ちょっと窮屈になっていました。歳を重ねても自分だけは超人とでも思っていたのでしょう(笑)。

そんなとき、以前通っていた花屋さんへ仕事の花を買いに出かけました。そこは白い花しか置いていないお店。昔、テキパキ動けていた頃には、家に飾る花といえば、白と決めていまし

た。久しぶりに訪れた場所は、扉を開けると白い花が立ち並び、やわらかな光に包まれて、一瞬で穏やかな気持ちに。それと同時に、以前頑張っていた自分と、あの頃の清々しい気持ちを思い出し、心のわだかまりも取れていくようでした。そしてふと「できない自分を受け入れることも、やさしさ」だと気づきました。

二十五歳の頃、「三十歳になったときには、もっとやさしい人になっていたい」と思っていました。当時流行っていたこともあり、黒い服ばかり着ていたけれど、そんなことを心に決めてからは「まずは見かけからでも」と白い服を身につけるようになりました。私にとって白はやさしさを象徴するような色なのです。

家のどこかにひとつ白い花を飾ると、それを目にしたときに気持ちが穏やかになるのを感じます。「いつもやさしくいられたら」そう思いながら、今日も花を飾ります。

色のある花に数本の白い花を織り交ぜて買ってきたもの。存在感のある花は一輪で、控え目な雰囲気が素敵な花は複数本で飾ります。

書くことで暮らしと気持ちを整える

いろいろなことをメモするのが習慣です。スマホにメモ書きする方も多いようですが、私には手書きのほうがしっくりきます。「書き文字のほうが心がこもっているから」というものではなく、紙にペンで書くほうが早いのと、頭にもきちんと残るという現実的な話なのです。スマホだと「あれはなんだっけ?」と見たいときにすぐに探せないのも不便。取り出して、アプリを開いて、となると私の場合はかえって時間がかかってしまいます。ノートであれば、さっとページをめくるだけなので簡単に探すことができます。

大切なメールを書くときも、このノートを使い、手書きで下書きをしています。手を動かしながらのほうが、考えもまとまるのと、自分の言葉で伝えられるようで、納得して進められるのです。

以前は一冊のノートに必要なことをすべて書き込んでいました。「このノートさえ見ればなんでもわかる」という状態は、便利といえば便利だったのですが、情報が多くなると、さすがに探すのが大変です。今は、スケジュール帳、家用、仕事用、買い物用、持ち歩きメモ、と用途別に五冊に分けて使っています。これにより、自分の頭の中もスッキリ整理されたのと、必要なものだけを持って出かければいいという安心感もあり、荷物も軽くなりました。

昔から、記憶力がいいことだけが自慢で、家で使っているものや、自分で買ったものなどは、いつ聞かれても忘れることなどないと思っていました。それが今では、あれそれとしか出てこず、すべて覚えているのが難しくなってきました。だから商品の絵柄や詳しい名前、標準価格を盛り込んだ買い物用の

今使っているノートやメモ。種類別に表紙の色を変えています。探したい事柄もノートを分別した分、見つけやすくなりました。

メモを作ったのですが、これが自分でもヒット作で、とても重宝しています。

夫に買い物を頼むときも、朝からテーブルにメモを用意しておき、思いついたときに書き足していきます。夫の帰宅時間前までにまとめておき、それをスマホで撮影して、ショートメールで送るのです。頼みごとの買い物リストは、文字入力だとどこか事務的で少しぶっきらぼうに感じるかもしれませんが、手書きのメモ画面なら、そんなこともありません。さらに、買い物中、夫は携帯を見ているでしょうから、「あ、これも買ってきて」という追加連絡も見落とされることなく、伝えられるようになりました。

クラフト表紙のノートには、その時々の気に入った写真を貼っています。使い終えた歴代のノートは箱に仕舞っていて、一冊ずつ取り出しながら、表紙を見ただけでも、だいたいいつ頃のものなのかがわかります。その箱がいっぱいになったら、入らなくなった分を古いものから処分していて、だいたい、七、八年分のノートが箱に収まっています。先日のこと、整理をしながらノートをぱらぱらとめくっていたら、「私のまわりには面倒な人が多い」（笑）などと、今見ると訳のわからない走り書きを見つけ、自分で書いたものなのに、ちょっと他人ごとのようで、クスッと笑えるのも面白いのです。

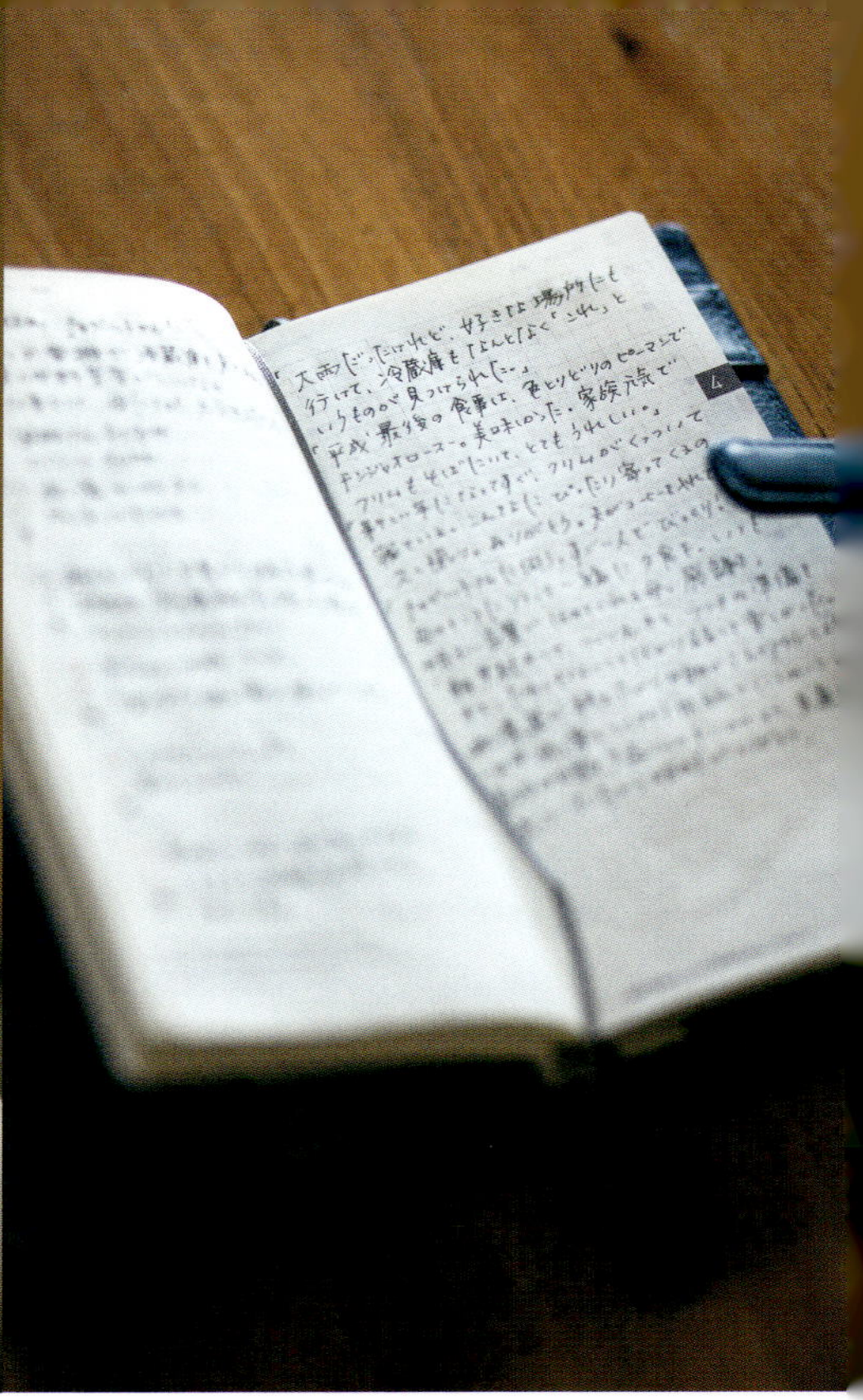

いいことだけを書く三行日録

夜の時間は、自己肯定感が低くなることもあるから、その日にあったいいことだけを書き出すようになりました。書き出すことで今日の出来事に感謝して幸福感に包まれ、機嫌よく眠りにつくことができます。

買い物リストはメモを撮影して伝える

日用品はいつも決まったものを。そのほうが夫も迷わず買い物ができます。同じ銘柄でも、種類がたくさんある物は、商品の絵を描いたノートを作っておき、そのページを一緒に添付して送ります。

今日の予定を朝書き出しておく

忙しい日は、優先順位がわかったほうが動きやすいから、今日やることをすべて書き出しておき、こなす順番を決めています。慌ててしまいそうな日も、やることが明確になり、文字にすると「これだけなら大丈夫」とちょっと安心できるのです。

仕事用のノートは一冊に

以前使っていた仕切りのあるポケットノートが廃盤になったので、市販のリングノートを分解し、間に仕切りを入れています。仕事の内容別に自分で仕切ることができるから、事柄に合わせてページ数も変えられて、とても重宝しています。

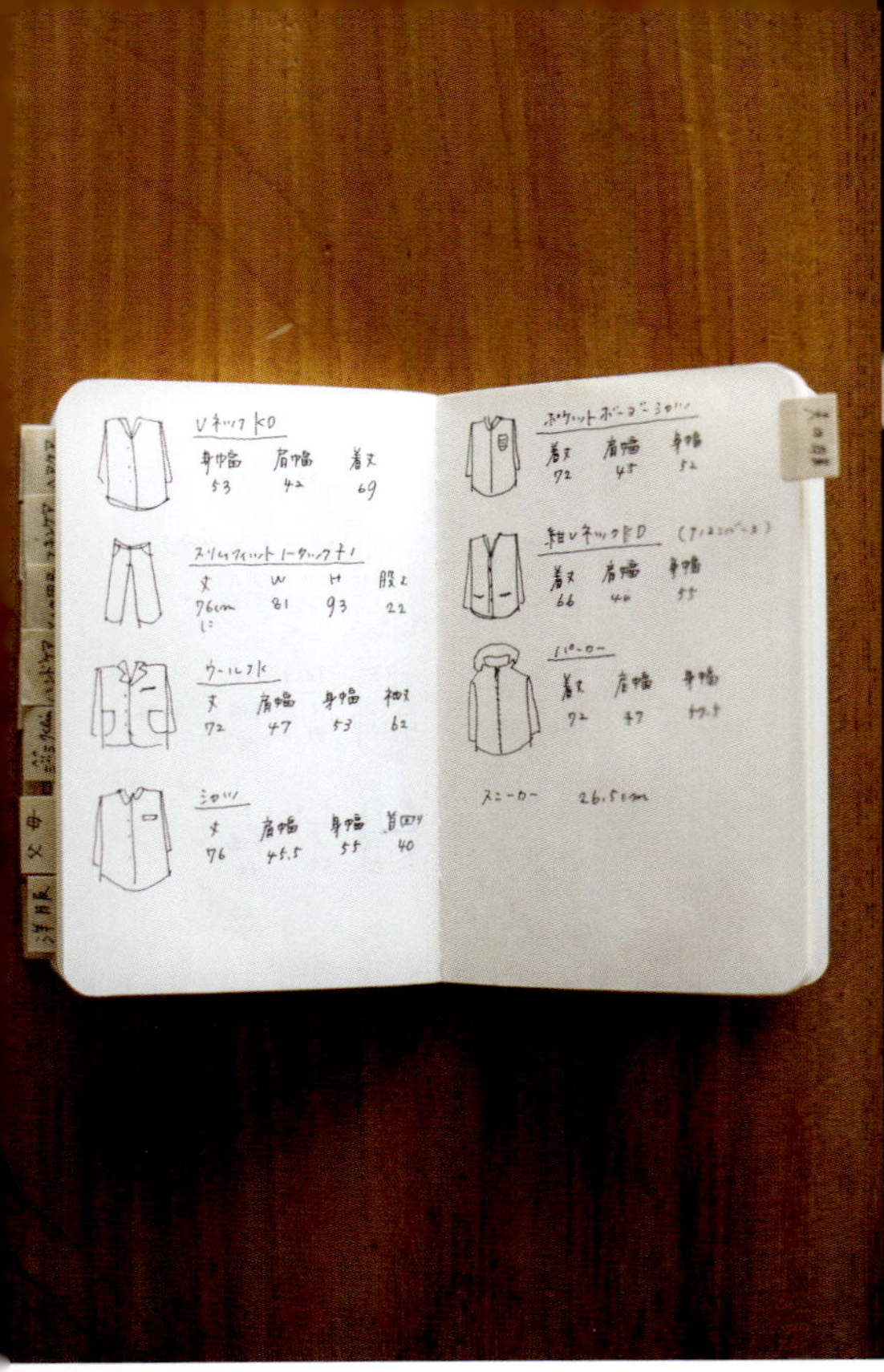

手書きのメモを持って買い物へ

買うものをノートに書いていても、ノートを見ることすら忘れてしまうから、必ず購入しなければいけないものは、別にメモしておき、ポケットに入れて出かけます。これならさっと取り出せるから、面倒に感じることもありません。

買い物するときに持ち歩くノート

いつも購入する日用品の銘柄や、適正価格がわかるよう、絵や正確な品名を書いたノートを持ち歩いています。そのノートには、自分や夫、母の服を買うときにも、似合うサイズがわかるようアイテム別に絵を添えて、細かなサイズも記しています。

2章

住まいを心地よく整える

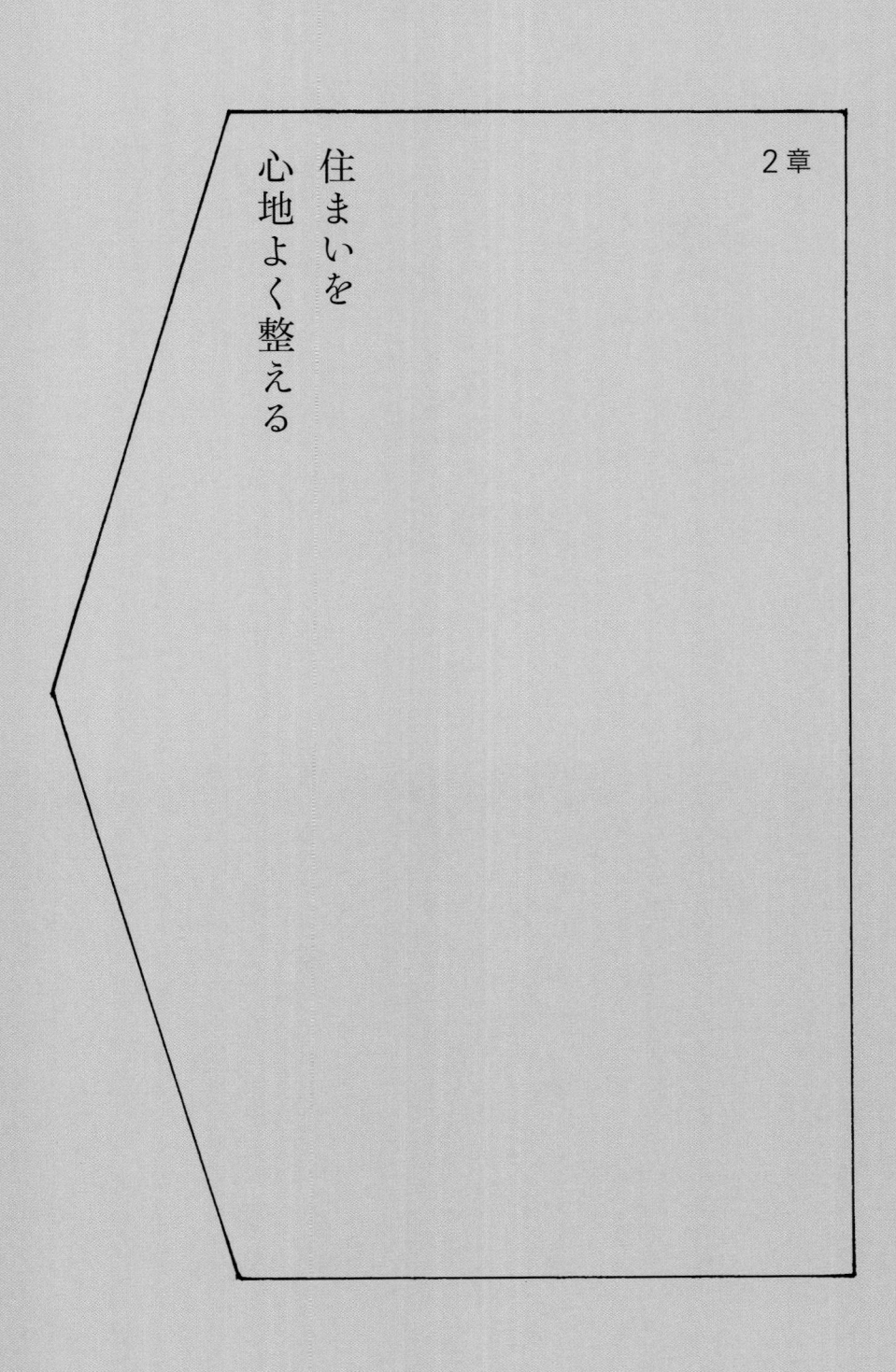

ガラスの光に癒される

花を飾る場所を幾つかに絞った分、目に留まることが多くなりました。近頃はガラスの花器に生けることが多く、たった一輪の花でも光が入る場所に置くと、「きれいだな」と見入ってしまいます。

最近は、飾りたい、使いたいと思うもののほとんどがガラスのもの。フィンランドの氷が溶けゆく様子をかたどった器や、朝露を思わせるグラスなど、自然を題材にしているものに心惹かれます。物への興味はだんだん薄れてきたけれど、まだ特別だと思えるものがあることが、嬉しいのです。

キッチンにつけたコーナー棚に収納しているスパイス類も、中身がわかりやすいよう、シンプルな形のガラス容器に入れ替えました。食事の支度をしながら、何気なく扉を開けた瞬間、やわらかな日差しがこの場所まで届いて容器がきらめくと、そのたびに笑みがこぼれます。以前撮影に来られたカメラマンさんが「この棚にはガラスの魔力がありますね」と言われていたことも思い出しました。

もしかしたらガラスそのものよりも、そこに光が当たったり、その器に盛りつけると美味しく感じたり。そこに佇む雰囲気や、織りなす影の風景など、ガラスにまつわる部屋の情景に癒されているのかもしれません。

友人から、毎年私の誕生日にイッタラのマグカップをひとつもらうのですが、その色に合わせたグラスを、私も毎年ひとつ買い足すようになりました。朝の光の中で、その日目についた色のグラスで炭酸水を飲むと、日頃の疲れも浄化されていくよう。その日選んだグラスの色は、その日のラッキーカラー。そんなことを密かに決めて、楽しんでいます。

ガラスのサラダボウルは、サラダは
もちろん、花器としても。安定感が
あるから頭が重たいバラも飾れて、
水を張ったボウルを通した光がテー
ブルに映るのも癒されます。

朝露を思わせるイッタラ、カステヘルミのキャンドルホルダー。朝の家事を終えて仕事に取りかかる前に灯すのが習慣です。

イッタラのバード。愛猫クリムが病気になったときにお守りのような気持ちで手に取った「幸せの青い鳥」。夕暮れどきに光が差し込む出窓近くの棚が定位置です。

リビングと廊下を隔てるドアのガラス窓。ベランダからの光を受けて浮かぶのは、手彫りで入れた「わが家が一番」のメッセージ。

氷が溶ける様子を表したウルティマツーレのガラス鉢はリビングに飾って。そのまま眺めたり、果物を置いたり、花を生けたり。フィンランドを思い出す特別な器。

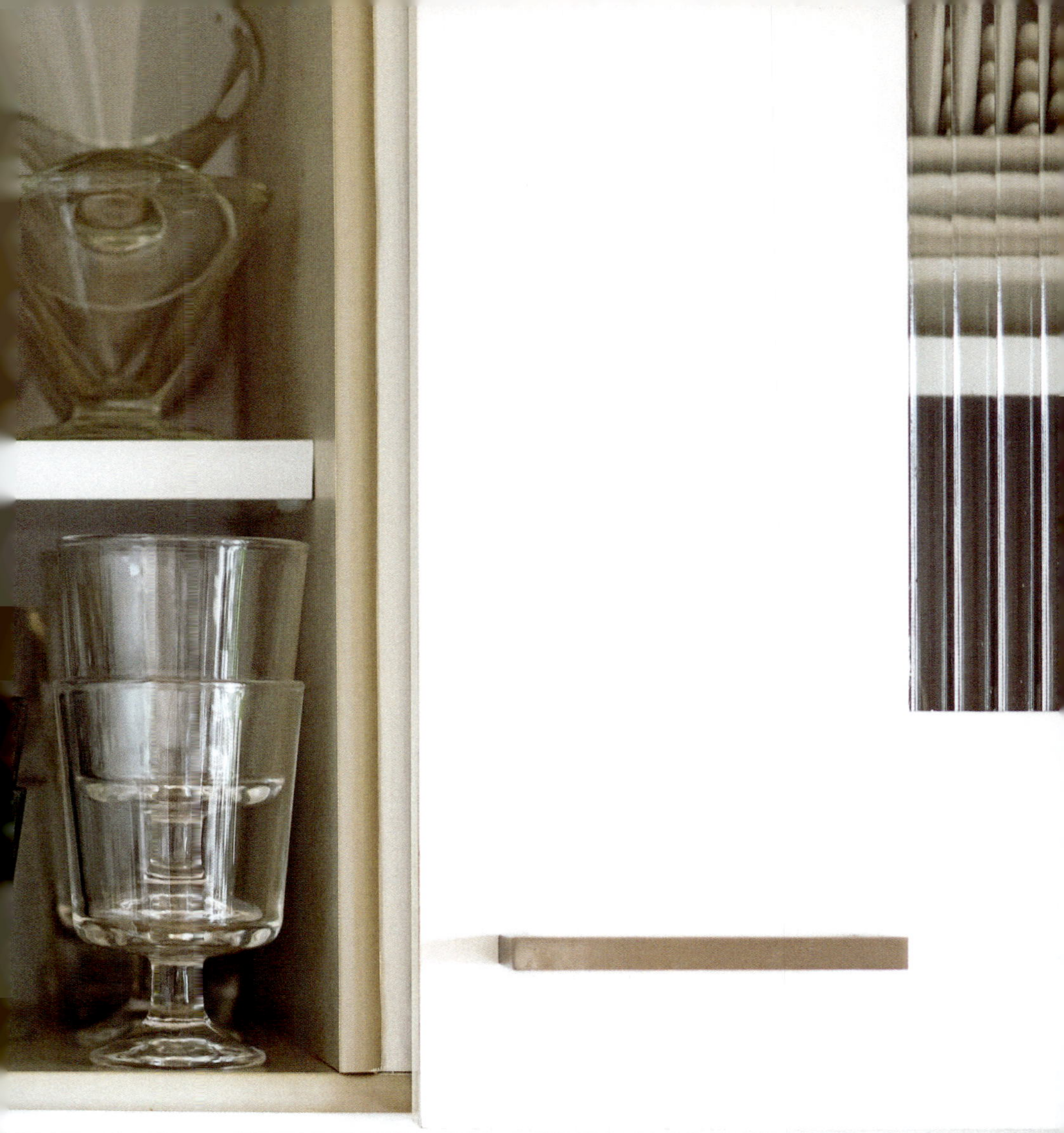

普段よく使う器を収納しているリビングの食器棚の一角。イッタラ、カルティオのカラーガラスに毎年少しずつ買い足して増えたもの。

普段の何気ない夕食の一品を素敵に見せてくれるのは、ウルティマツーレの小鉢。シックな色合いのガラス器は、光が当たると清涼感があり、特別な心持ちになります。

脚つきのガラスカップ。ひとつのカップアイスをふたりで分けてちょうどいいサイズ感。持ちやすくて水滴も垂れずに便利。

塩、こしょう、スパイスなどの調味料入れや、計量カップなどもガラス製。棚を開けたときに光が当たってきれいだと、食事の支度の気持ちも高まります。

色のグラデーションが美しいスガハラの器。うっとりするようなフォルムと繊細な造りの割に、手が届く値段なのが嬉しいところ。

豊かな時間をくれる場所

撮影や打ち合わせなどで人が来ることが多いわが家。来客があるときは必ず窓を磨き、カーテンを全開にして迎えるようにしています。特に三月から七月にかけての、ベランダの草花が一斉に芽吹く時季は、この小さなベランダにも若葉が生い茂り、まるで小さな森のようです。毎年その時期には、新しい本の打ち合わせや、撮影が始まることが多いから、来てくださった方に、気持ちよさそうにくつろいでもらえたら、私も嬉しくなります。

大人ふたりの暮らしでは、それほど気にならないのですが、わが家のリビングはそんなに広くないので、数人の方をお迎えすると、少し窮屈に感じます。そんなときも、この緑がひしめくベランダ越しの光景が視界を広げてくれて、そう狭く感じません。大きな窓のおかげで窓拭きは大変ですが、空も近く感じられます。ダイニングの椅子に座っても、ソファでくつろいでいても、なんとなく緑のあるほうに自然と目を向けてしまうのです。

洗濯物も、このベランダに干しています。以前は、この場所に洗濯物を色別に分けて、グラデーションに並べて干すのを、密かな楽しみにしていました。でも、いつの間にか草木がぐんぐん伸びてきたので、今は草木優先(笑)。葉先を傷めないように、位置を考えながら洗濯物を干すようになりました。

水やりをしたり、植え替えをしたり、肥料をあげたり。害虫がつかないようベランダをきれいに磨いたり。植物の手入れはそれなりに大変ですが、この小さな庭は、その手間に代えられないくらいの豊かな時間を私にもたらしてくれる、大事な存在です。

春から初夏にかけて、芽吹きの季節はわが家のベランダが緑一面に。オリーブ、額紫陽花、アイビーが元気に生い茂ります。

使い続ける定番品

日用品を新調するときは、今使っているもので不便なく使えていたら、壊れたときには同じものを選ぶようにしています。新しいものは使いかたを覚えるだけでも結構時間がかかるもの。普段の暮らしは、同じことの繰り返しだから、何も考えずに使えるのも、慣れたものを選ぶ理由です。

ラッセルホブスの湯沸かしポットは、今使っているもので四台目。トースターは十年ほど使っていて、そろそろ焼きムラが出てきたから、買い換えどきだと思います。飽きずに使えるデザインも気に入っていて、何かの雑誌で食パンが美味しく焼けるトースターの一位に選ばれていて、それを見ながら得した気分になったのを覚えています。何かを買い換えるときは、ついつい新しいものを探してしまうけれど、最終的に「やはりこれに」と納得してまた、同じものを使い続けるのも案外いいものです。

タオルなどの布ものもそう。台所のタオルはイケアのものを。食器拭きと、風呂上がりの髪の毛を包むタオルはアマゾンで。使い勝手はもちろん、消耗品として適した価格であることも大事にしています。

家電の大物といえば、やはり洗濯機。以前使っていた無印良品のドラム式洗濯機がとにかく好きで、それに合わせて置き場所を作ったほど。しばらくして廃盤になると他のものはサイズが入らなかったり、この場所に合わなかったり。「失敗したかなあ」とへこんでいたのですが、ほどなく再販されると知り、それに決めました。設置してみると以前のものとは少し雰囲気が違いますが、白いインテリアが甘く感じるようになった洗面所が、ピリッと引き締まった感じがして、気に入っています。

無印良品の洗濯機

無印良品で見つけたドラム式洗濯機。以前の洗濯機が壊れかけていたのを、騙し騙し使っていたこともあり、新調することに。ぱっと見、黒い扉が主張し過ぎている気がして迷いましたが、使い勝手もよく、気に入っています。

十四センチのストウブ

「煮物って美味しいなぁ」としみじみ感じるようになりました。煮物だけでなく、りんごのコンポートを煮たり、ゆず茶を作ったり。保温性が高いところもありがたく、前菜にサラダを食べ、そのあとに、作っておいた麻婆豆腐を食卓に運んでも、ちゃんと熱いままいただけたときは感動しました。

ＤＢＫのオイルヒーター

火を使わず安全なので、冬になるとこのオイルヒーターの前が愛猫クリムの特等席に。シンプルなデザインも好みで、冬の乾燥も気にならず、やさしい温もりに包まれます。

フレームのテーブルランプ

ミナ ペルホネンのタンバリンの生地を使ったテーブルランプは、本を読みたくなる場所に置いています。陶器の質感も懐かしい感じがして、インテリアとしても素敵です。

ラッセルホブスの電気ケトル

長年使っている電気ケトルは、そそぎ口が細いので、コーヒーも美味しく淹れられます。ステンレスのフォルムも気に入っていて、実用的なのにキッチンに佇む姿は雑貨のようです。

ラッセルホブスのクラシックトースター

食パンが苦手なのですが、このトースターは、パサつかずに焼きムラなく焼けるから、次に選ぶのもこれと決めています。冷凍パンも解凍せずに美味しく焼け、使い勝手がいいのです。

ソフィスティの
イニシャルガーゼハンカチ

デパートで見つけたガーゼハンカチ。とても肌触りのよい白いハンカチは、吸水性もよくアイロンいらずというすぐれもの。イニシャル入りのデザインが上品で、価格も手頃なので、気軽に使えて重宝しています。

美容タオル

洗髪後の髪を包むタオルはアマゾンで購入。最近白髪染めをするようになり、白いタオルだと色移りするのでグレーをセレクト。色落ちを考えて使う前に一度洗っておき、使用後はネットに入れて洗うとふんわり仕上がります。

イケアのハンドタオル

キッチン用のタオルは、どうしても汚れやすいから、ジャブジャブ洗えるこのタオルと決めています。酸素系漂白剤を使ってもあまり色落ちせず、へたったり、ほつれたりもしないから、もう十年ほどリピート買いしています。

ESMAの無地ドビークロス

アマゾンで見つけたドビークロス。食器拭きとして使っています。毛羽も立たず吸水性もよく、お客様が来てたくさんの食器を使っても、拭き残しなく使えます。乾きも早いから、この先も食器拭きはこれと決めています。

イケアのティーライトキャンドル

バニラが香る「スインリグ」というティーライトキャンドル。毎日ひとつは灯し気分転換しています。甘い香りは穏やかな気持ちになり、甘いものを食べた気にもなれるから、おかげで間食もし過ぎず(笑)、一石二鳥です。

エリザベスWのボディオイル

このラベンダーオイルももう三本目。香りが摘みたてのラベンダーそのものでとても癒されます。このオイルは無香料のハンドクリームと混ぜて使っていて、これを使うようになってから、冬のあかぎれができなくなりました。

アンティパストのハイソックス

リボンつきのハイソックス。十年ほどほとんどこれしか履いていません。大人らしい光沢のあるなめらかな素材で、色は黒・紺・グレーを選んでいます。肌が弱い私でも心地よく履けるから、廃盤にならないようにと願っています。

スティンクシンジケートのアクセサリー

十年ほど前に福岡のセレクトショップで一目惚れして、このブレスレットを手にしてから、少しずつ買い足しながら使い続けています。格好よさと女性らしさを持ち合わせたデザインが、着こなしのポイントになっています。

宅配便や回覧板を届けに来てくださる方が心地いいようにと、玄関先に灯しているティーライト。家特有の匂いを和らげてくれます。

掃除道具は手入れをしなくていいものを

最近はキッチンペーパーを使うことが多くなりました。布製の布巾などは一日使い続けると、菌を塗り広げているだけだと知り、拭いたことが無駄にならないようにと、使うようにしました。用途別に、二種類のものを使い分けていて、冷蔵庫脇に並べておき、いつでも使えるように。それぞれのペーパーの使い道も様々で、あれこれ使えるのに、漂白する必要もアイロンの手間もいらないから、世の中便利になったものだと実感しています(笑)。

床掃除も除菌ウェットシートを使うようになりました。それ以外にも、消毒と除菌機能つきのウェットシートを使っていて、床を拭くのも、テーブルを拭くのも手間がかからず、いろいろなシーンで手に取っています。以前は雑巾がけをしていましたが、何より清潔を保つにはこの方法が確かだと思えるから、少し億劫に感じていた床磨きも、さっとできるようになりました。

それから、取りかかるのが煩わしく感じることには、使い捨て手袋が活躍します。例えば排水溝の掃除や、ベランダの虫対策の葉の手入れなど、素手で触るのをためらうことも、この手袋があれば難なくこなせます。今はサイズも豊富で、食品衛生法をクリアしたものも多く、作り置きなど清潔にしておきたい食事の支度にも、重宝します。

布の布巾はというと、今は日に一、二枚程度を使うだけ。やはり、一日の仕上げにきっちり水分を拭き取ったり、磨きあげたりしたいときには、布のものも必要なのです。布の布巾とペーパー類などを上手く共用して、少し手間も省きながら、気持ちよく暮らす工夫をしています。

上がリード、下がネピア。シンクの近くにあるのが使いやすいのです。無印良品のキッチンペーパーホルダーはマグネットでしっかり固定されるから、長年愛用中。

リードペーパーの使い道

業務用の「リードペーパー」は、保水性・吸油性にすぐれ、濾し紙にも。幅広く使えるから便利です。

窓を拭く

雨のあとなどひどい汚れのときは、三枚分のペーパーを使い、端の一枚を少し濡らして固く絞り、内側になるように畳んでから拭くと、すっきり落ちます。

アクセサリーを磨く

丈夫でやわらかいので、靴を磨いたり、指輪を磨いたりするのに便利。シルバーのアクセサリーもこれで磨くとうっすらついた黒ずみも取れてピカピカに。

ハーブの保存

保水性もあり、包んだり、巻いたりしても破れにくいから、湿らせたペーパーでハーブなどを包んでおくと、驚くほど長持ちします。

鍋の手入れ

鍋に残った水分を拭き取ったり、鉄鍋に油を塗っておいたりするときにも便利。拭き跡も、紙の繊維などの白い粉も残らないから手間いらず。

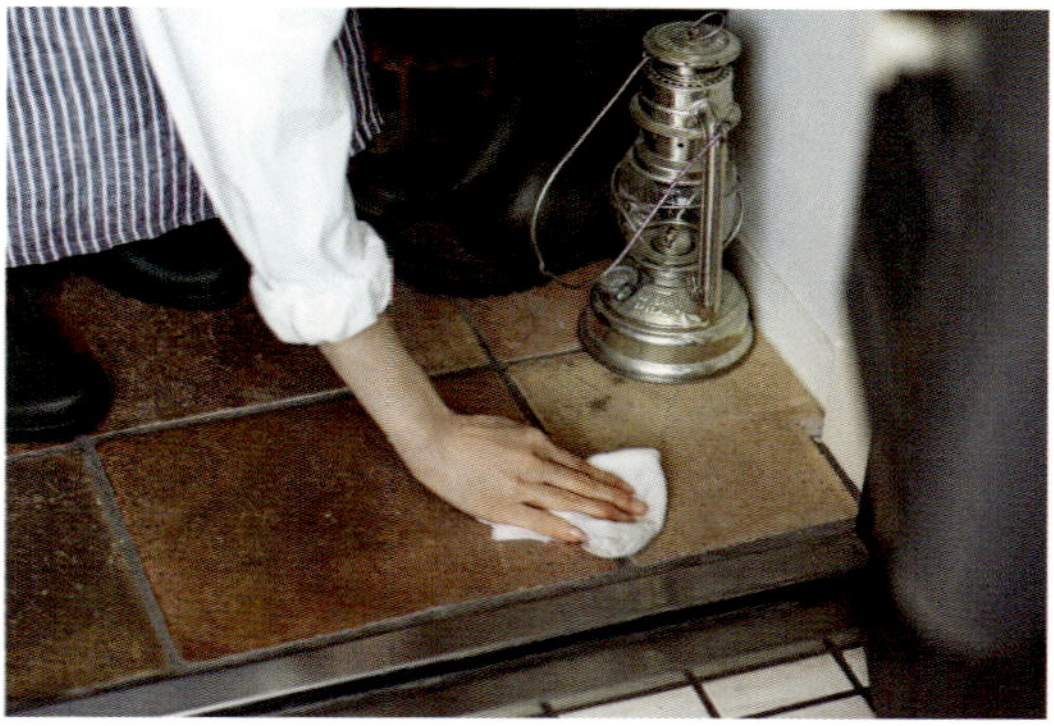

玄関のたたきを拭く

三枚重ねのリードは、玄関の掃除にもおすすめ。さらに四つ折りしてから使うと、折り返しかたを変えながら何面も使えるから、土埃もしっかり拭き取れます。

野菜洗いに

ごぼうやジャガイモなどの土落としにも、たわし代わりに使っています。ごぼうの皮をそぎ落とし過ぎないからか、香りも残って、美味しく食べられます。

キッチンペーパーの使い道

改良されて使い勝手がよくなった「ネピア激吸収キッチンタオル」。ひと拭きで水気を吸い取ります。

テーブルを拭く

テーブルなどに何かこぼしたときは、このペーパーが便利。あとの手入れを必要とせず、拭いたらそのまま捨てられるから、気軽に使えて重宝しています。

包丁を挟む

チーズや羊羹など、包丁にくっついてなかなか切りにくいものも、このエンボス加工のペーパーを二つ折りにして包丁を挟めば、すっときれいに切ることができます。

野菜の保存に

サラダ用にすぐに使えるよう、レタスなどの葉野菜を洗っておいたり、小分けにしたりするときは、保存容器に湿らせたペーパーを敷いておくと、新鮮さを保てます。

ウェットシートの使い道

拭き掃除は布を使わずに、除菌ウェットシートを使用。さっと使えて消毒もできるから、安心です。

冷蔵庫掃除

一週間分の作り置きをする前に、必ず冷蔵庫を拭くようにしています。特に食中毒になりやすい夏場は、除菌消毒できるから助かります。

トイレ掃除

二枚重ねで使うと、ちょっとためらうトイレの壁やタイル、立水栓なども、思う存分掃除ができて、匂いも取れる気がします。

電子レンジ掃除

洗えない電子レンジは、こまめに拭いて清潔に保ちたい場所。ウェットシートはレンジ横に置いておき、頻繁に掃除しています。

食後の拭き掃除

食後のテーブルや、使ったトレイなどは、次に使うときのために除菌消毒しておきます。さっと拭くだけなので、変色もなく、輪じみ予防にもなります。

洗剤入れを拭く

洗濯機の洗剤入れは、湿気がたまりやすく、洗剤が残っていると、黄ばみやカビの原因に。長く使えるよう洗濯を終えたら、拭いておきます。

ゴミ箱を拭く

ゴミをまとめたあとは、二枚重ねで二つ折りにしたもので除菌消毒。汚れたらきれいな面に折り返しながら拭くと、匂いも残らず、清潔に保てます。

ペットキャリーの掃除

最近、病気がちな愛猫が戻すことも多いから、病院から帰ったら、隅々まで拭き上げて消毒しておき、いつでも使えるように、玄関先にスタンバイしています。

雑貨を拭く

いつまでも心地よく眺めていたいから、ガラス製の雑貨なども、アルコールで拭いて。すっきり汚れも取れて、きらめきが蘇ります。

化粧ポーチを拭く

ファンデーションの指あとやパウダーの粉などがつきやすい化粧ポーチは、使ったあとに拭いておくと、汚れも簡単に取れて、洗う頻度が少なくなります。

ニトリル手袋の使い道

自分に合うサイズを選べば、素手のように使えて便利。触るのが面倒に感じる作業もお手の物です。

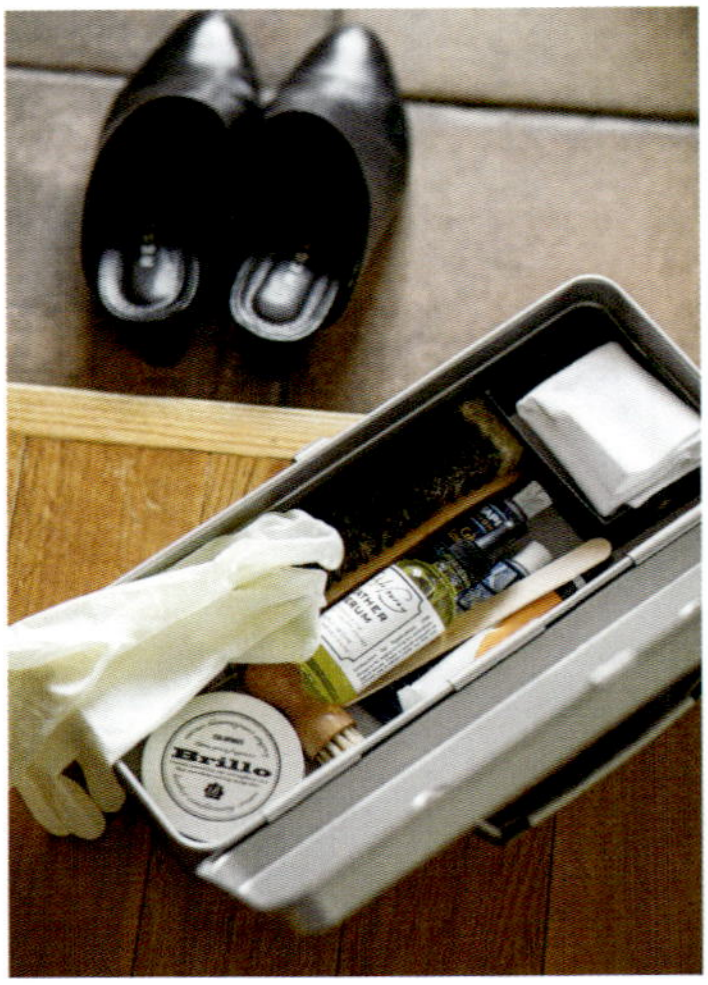

靴磨き

汚れを落とすときは、手袋をして「リード」にクリームを揉み込んでから拭いています。靴墨を塗るときも、手に色がつかず便利。

ベランダの手入れ

春は新芽に虫がつきやすいから、手袋をして葉の手入れを。ゴム製なので滑らず水にも強いから、排水溝の落ち葉を拾うのにも重宝。

衣類の漂白

衣類の手洗いは、素材によって使う洗剤や洗いかたも違うから手袋をして。洗浄力が強いものを使っても手荒れしません。

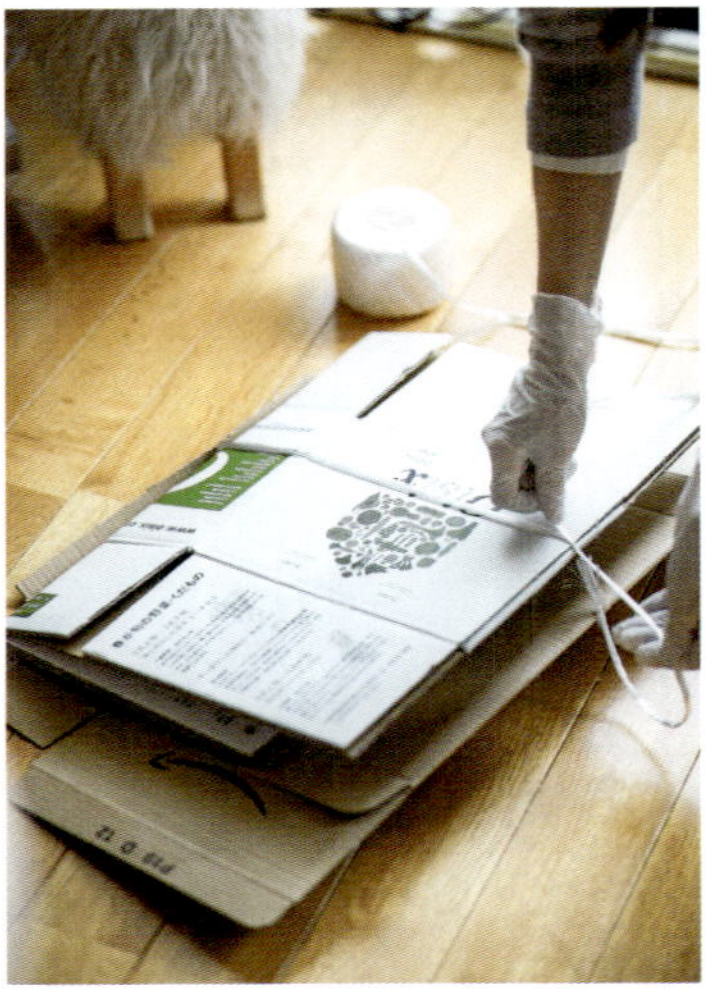

ダンボール整理

通販が増えたから、ダンボールまとめも家事のひとつ。手袋をしていると、紙で手を切ることもなく、しっかり摑めるからまとめやすい。

サラダの作り置き

作り置き用のサラダを作るとき、手袋をつけていると、素手で触るより雑菌が付着しにくく、野菜の持ちもいいようです。

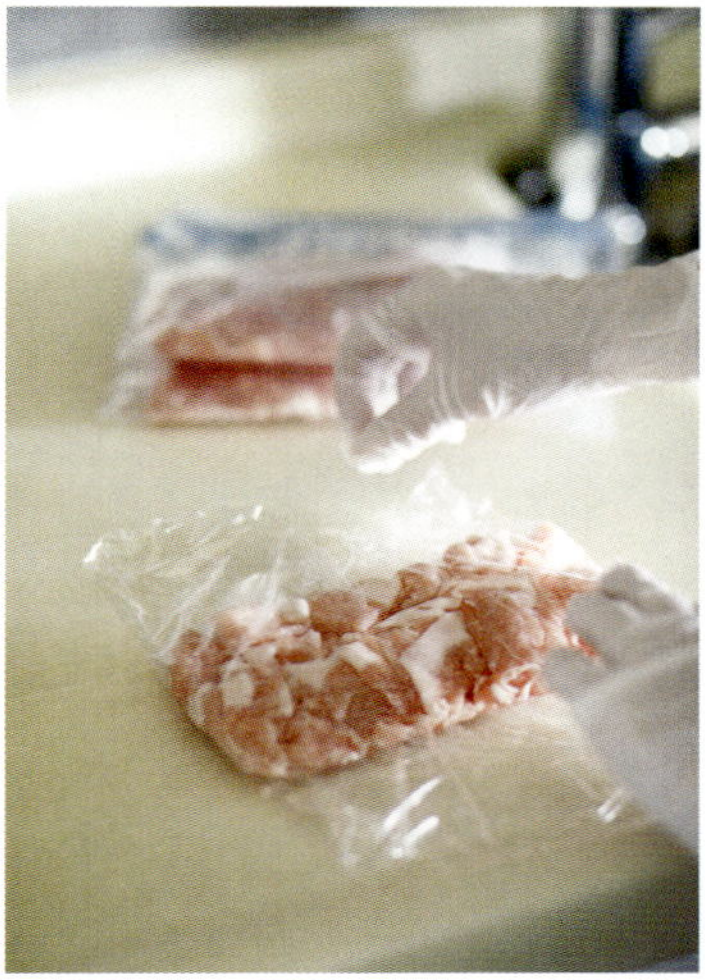

肉の保存

買ってきたお肉は、使いやすいよう一食分ずつに分けて保存。素手で触ることなく、衛生的に小分けできます。

かぶれ防止

里芋の皮をむいたり、山芋をすったり。滑りで手がかぶれる作業にももってこいで、とろろごはんもしょっちゅう食べられるように。

下ごしらえ

野菜の浅漬けや、お肉の漬け込みなど、調味料を揉み込むときも、手袋が重宝。調味料で手がしみることもありません。

家事の前のコーヒーブレイク

私が家事を好きな理由は、ちょっと先の楽しみのため。「ここの掃除を終えたら、整った部屋でゆっくりコーヒーを淹れよう」とか「食事の支度をしたあとは、買ってきたインテリアの洋書を見よう」とか。次の幸せな出来事を心待ちにして、心地よくそのひとときを迎えようと思っているからです。

三十年ほど続けていた日曜日の大掃除もそう。月曜休みが多い夫と、どうやって休日を過ごそうと、あれこれ考えている時間がとても楽しく、目の前のご褒美につられながらの、家仕事。やり慣れた作業をしながら手を動かすことで、自分がやりたいことや、あやふやだった考えもまとまって、そんな時間も好きでした。本の原稿を書いているときに、伝えたいことを言い表す正確な言葉が浮かぶのも、家事の時間が多いのです。

そんな大好きだった時間も、ここのところ無理が利かなくなりました。次にある楽しみへの期待は薄れてはいないけれど、以前のように止まることなく頑張り続けることは、もうやめようと思います(笑)。

そんな肩の力が抜けた自分も、今はちょっといいなと思うのです。何年か前までは、私が頑張り過ぎていたことで、もしかしたら夫やまわりの人にも休息できない雰囲気をつくっていたかもしれません。

以前の自分に苦笑しながら、「ちょっと疲れたな」と動けなくなる前に、「まずは先にコーヒーを淹れよう」と、気持ちを切り替えて。ご褒美を先渡しにすることも、幸せな習慣だと思うのです。

もう五年ほど愛用しているネスプレッソ。美味しいコーヒーが気軽に淹れられるのが嬉しい。夫はいつも決まったものを、私はその時々で新しいものを飲んでいます。

足元が清潔だと気持ちいい

　一年ほど前の初夏、愛猫クリムが頻繁に戻すようになりました。出先から帰ってきたときに気づかず踏んでしまうことも。革のバブーシュだと洗えないので、取り急ぎ家にあった、旅先でもらった室内用スリッパを家族で履いて間に合わせていました。

　何足か履くうちに、足の裏は気遣っていても汚れるようで、どれも一週間ほどで、うっすら黒ずんできました。「お風呂上がりにもう履きたくないな」と感じたら交換していくうちに、思い切ってスリッパは使い捨てにすることに決めました。

　探してみると種類も豊富。いろいろな選択肢が持てる今は、とても便利で幸せだなと思います。いつでも清潔なものを身につけているという安心感もあり、今は、夏場は薄手のものを一、二週間で、冬は少し厚手のものを一か月で交換するようにしています。お客様用の布製スリッパは、今でも二か月に一度、半日仕事で洗っていますが、これもいい代替がないかと探しているところです。

　そのときの暮らしに合うものは、ストレスなく使えることも第一条件。「これでなくては」という変なこだわりが、自分のなかからなくなっていたことにも驚きました。柔軟に過ごしていたら、ピンチをチャンスに変えられる。大袈裟だけれどそう感じた出来事でした。

アマゾンでセット売りしている手頃なものを。見た目もよく履けるよう、届いたら、紙を丸めたものを中に入れて形を整えます。

夏はさらりと履けるよう、薄手のものを選びます。家族で色が同じなので、私のものには「A」と刺繍を入れて、わかりやすく。

冬のものは、温かな茶やグレーのものを。履くとふんわり滑らかな質感が気持ちよくて、とてもリラックスできるのです。

私の断捨離

少しずつ、物を減らしています。断捨離をしようと思っているわけではなく、見極めがつきやすくなったのです。以前はいていたようなレギンスはもうはかないし、レースのブラウスももう違う気がします。今の自分と、これからの自分を見据えながら、いろいろなことが、整理しやすくなりました。

でも、いっぺんにやろうとすると、それはそれで億劫に感じます。だから一日に引き出しひとつだけとか、この一週間で、洋服のこの引き出しだけとか。「来年の今頃には片づいているだろう」くらいの心持ちで、焦らずに続けようと思います。

本などは、三段階で整理をしました。私にとって本はなかなか捨てられないもの。だからまずはこの本棚に入る分だけ残そう、と決めて。次に、ここ一年見なかったものは片づけようと。そして最後に、未来の私に必要なものだけを残そうと。本や雑誌もこの仕組みで、諦めがつきやすくなりました。

昔大好きだった雑誌「オリーブ」も、以前半分捨ててしまったことをとても後悔しましたが、最近もう半分も手放しました。表紙を見れば、中身が思い出せるほど読み込んだので、心の中で懐かしもうと、思い切って整理することにしました。

洋服に関しても、「手入れしてきれいだから」「サイズが変わっていないから」などの理由で手元に残っていたものを、何年か前から手放しているところです。今の自分が似合うもの、着ていて楽なものだけを残すと、今の半分くらいになりそうです。量が多いと探すのも、整理するのも大変で。時間を大切に使うためにも、今の自分にとって必要なものを見極めて、暮らしに余白をつくっている最中です。

食器は、来客時に使いそうな定番の白い食器だけ残しておき、それ以外は二個ずつ残し、整理しました。

バッグに作り替えようと取っておいた白いブラウスも、いつ作るのかわからないままにしておくのも気が急かされるから、手放すことに。

ずっと大事に取っていた好きなブランドのカタログや写真のきれいな雑誌も、最新のものだけ残して整理。処分する前に懐かしく眺めました。

3章

等身大のおしゃれ

今の「ちょうどいい」おしゃれ

最近やっと、自分が着たいものがわかるようになりました。四十代後半から変わり続けていた体形の変化も、十年ほどかけて落ち着き、今の体形を受け入れながらおしゃれする方法が、私なりに身についてきたのだと思います。

それと同時に、ここ十年ほどの間に、両親とのつき合いかたなど、まわりの環境にも幾つか変化がありました。今は、おしゃれよりも日々の暮らしが最優先。装うことの優先順位が以前よりは低くなったものの、その日着る服は、気持ちを整えたり、気分を上げたりしてくれるもの。だから今は「暮らしやすさ」と「おしゃれ」のどちらもほどよく叶うような装いが、ちょうどいいと感じています。

母のところに行くときは、母を手助けできるよう、両手が空いて動きやすいものを。病気がちな愛猫クリムを病院に連れて行くときは、調子が悪くて戻したり、足あとがついたりしても大丈夫な、すぐに洗える素材のものを。仕事や気に入った場所へ出かけるときは、気持ちが高揚する服を。この暮らしに慣れてきたのか、その時々の定番の着こなしも決まってきて、どんな装いも楽しみながら着ていれば、おしゃれをした気になることも実感しました。

それから、同じ着こなしを繰り返すことも多くなりました。そんなときに活躍するのが、変化を楽しめる服飾小物や、羽織るだけで体形をカバーしてくれる長めの上着。身につけるだけで着こなしのポイントになり、気分を変えるきっかけにもなるから、重宝しています。さっと脱ぎ着できるきれいな形の、ウエストゴムのスカートもよくはいています。今は、気楽というのもおしゃれの必須条件なのです。

日よけに日傘も差すけれど、両手が使えるよう、帽子を被ることも多くなりました。黒い革やリボンがついているものに惹かれます。

髪と髪留め

家事をしやすいよう、髪を毎朝束ねます。結び目を隠すために、髪の毛をぐるっと巻きつけてピンで固定。前髪にボリュームがなくなってきたから、太めのコテで五秒巻いています。

存在感のあるイヤリング

小さめのイヤリングを好んでつけていたけれど、最近は存在感のあるものに惹かれます。急な外出でもこれさえつけていれば、きりっと引き締まり、顔色もよく華やかに見える気がします。

茶系フレームの眼鏡

五十代になった頃から、一日中眼鏡をかけるようにしたので、眼鏡が似合う装いを探すようになりました。ずっとかけていると、耳に負担がかかるため、フレームは軽いものを選んでいます。

長めの上着

長めの丈の上着をよく着るようになりました。羽織るだけで大人らしく感じ、気になるところも隠せる、嬉しいアイテムです。ロゴTシャツの装いもカジュアルになり過ぎずに軽快に着られます。

ウエストゴムのスカート

スカートは、さっとはけるウエストゴムのものを愛用しています。丈は、長めで、広がり過ぎないシルエットのものを選んでいます。ロング丈のほうが、落ち着いた雰囲気になり、着ていて馴染むようになりました。

一枚のシャツワンピース

「今日何着よう」。五年ほど前から、そう考えるのがちょっと煩わしく感じることが増えました。以前ならそんな日は、「とりあえずワンピース」とさっと着替えて出かけていたのですが、似合うものが変わったからか、なかなか選びづらくなりました。それでも、気に入ったワンピースがあれば、さっと一枚で着られる分、迷わず服選びができます。気に入った一枚をベースにして組み合わせれば、着こなしの幅も広がります。

そこで、どんなものなら気負わず着られるのだろうと、着なくなったワンピースのしっくりこない部分を書き出してみることにしました。丈が短いと背が低く見える。ふんわりしたものだと、もう自分でも痛い気がする(笑)。襟ぐりが広いと、首のつけ根が見えるからか、背中まで丸く感じる。肩幅がジャストサイズだと、腕が上げにくい……。歳を重ねると、胸を張っていないのに胸板に厚みが出てきたり、首のつけ根が太くなったり、意外なほど体形が変わってくるのです。

そこで、すっきりしたデザインのシャツワンピースを購入しました。今まで着ていたものに比べ、少しゆとりのあるスタンドカラーのワンピースは、私の体形の変化も自然にカバーしてくれて、長袖なので色違いで持っていれば、一年中着られそうです。

例えば、家にいるときは、そのまま一枚で着て過ごします。もし、急に出かけることになったら、ベルトをすればきちんとした印象で着ることができます。カーディガンを羽織ったときには、縦のラインが強調されるからか、実際以上に背が高く見えるのも、小柄な私には嬉しいところです。

ガーゼのシャツワンピース。ワンピースとしてだけでなく、ローブのように着られるのもいいところ。季節を問わず着られます。

白いシャツワンピース

秋冬には、ワンピースの足元が寒くないようレギンスをはき、ベストやコートを組み合わせます。濃い色を合わせると、きりりと引き締まりシックに着られるから、仕事に出かけるときにも気後れしない着こなしに。

外で白いワンピースを一枚で着るのは照れるから、アクセントに黒を使い、ベルトでウエストマークしてきちんとした印象になるようにしています。この日は、カジュアルな雰囲気になるよう、パナマ帽とかごバッグを。

綿素材の白いワンピースは、汚れてもすぐに洗えるから、部屋着としても活躍します。肌寒くなったら、上にやさしい色合いのカーディガンを羽織れば、服につられてリラックスでき、ゆったりと過ごすきっかけになります。

黒いシャツワンピース

ボーダーのセーターに白いスカートが、私の秋の定番の着こなしです。その上からローブのように羽織ると、目の詰まった生地なので、思いの外風を防ぐことができ、肌寒く感じる朝晩の冷え込みも、快適に過ごせます。

寒くなったら、ワンピースの上にウールのコートを羽織ります。首まわりが寒くないようウエスト位置までボタンを留めると、ほどよくからだのラインも隠せ、足元ももたつかず、白いパンツの腰まわりも気になりません。

夏は、すっきり一枚で着ています。最近は日差しがとても強いから、日焼けしないよう、夏でも袖をあまりまくらずに、長袖のまま着ることが多くなりました。帽子やかごバッグを合わせ、涼やかに見えるよう工夫しています。

薄手のニット

今の服選びの基準は、動きやすさと、着ていて楽なこと。だから、季節に関わらずトップスは、布帛のものより、やわらかな薄手のニットを好んで着るようになりました。袖を通したくなるニットは、ほどよくゆとりがあってからだのラインを拾わないもの。そのほうが動きやすいだけでなく、体形を気にせずに居られるから、仕事や家事に集中できるのです。裾まわりにリブ編みがあるものも好みで、いつもはいているギャザースカートの、腰まわりの膨らみも抑えられるから、小柄な私でもバランスよく着られます。

秋冬にも薄手のものや軽いものを重ねながら、寒さをしのぐようになりました。重たい布帛のコートを着て出かけると、首が凝ったり、肩が凝ったり。寒い日は外出するのも億劫になるのです。だから薄手のニットの上にカーディガンを重ねたり、その上にロングカーディガンを羽織ったり。もっと寒くなったら大判のストールをさっと巻いて出かけます。ニットオンニットでまとめると、やわらかな素材に包まれてリラックスするのか、気持ちも緩みます。

それから、軽いものを着ようとすると、必然的にあまり凝ったデザインのものは選ばなくなりました。以前は、ここに切り替えがあるとか、ここにも隠しポケットがついているとか、繊細な手仕事がふんだんにあるものをよく着ていました。多少動きにくくても、おしゃれするためには仕方がないと、変なやせ我慢もしていたように思います。でも、疲れ過ぎないことも、笑顔で暮らす秘訣。なんでもないシンプルな服をさらりと着ることも、大人の嗜みなのかもしれません。

セーターもカーディガンも薄手のものを着ています。あまり服を買わなくなったので、選ぶときは、毎日着たくなるような、着心地のいいものを選ぶようにしています。

日常着のユニクロ

毎日の暮らしのなかで、ユニクロの服が活躍してくれます。その理由は、価格もありますが、丈夫さと洗濯のしやすさ。機能性のすぐれているところが選ぶ理由です。ユニクロのニットは、中性洗剤を使えば、洗濯機で洗えるから、手入れが楽なのです。しかもあまり型崩れせず、他のニットと比べても毛玉ができにくいから、躊躇せずに洗えます。私が持っているスカートやブラウスも、ニット同様洗濯機で洗えて、形を整えて干せば、そんなにアイロンがけも必要ありません。日々のことなので、手間を省けることも日常着には大切な要素です。

ユニクロの洋服を選ぶときに気をつけているのが、サイズ感です。誰にでも似合うニュートラルな形だからこそ、サイズ次第では、私が着るとちょっとしつくりこないことも。体形が変化してきて、背中や腰まわりの肉づきが気になってきたのも、サイズ感に気を遣うようになった理由のひとつ。幸い、ユニクロはサイズ展開が豊富。ニットの場合などは特に、自分のサイズより二、三サイズ大きいものを選んでみたら、いつも着ている服にも自然と馴染んで、気持ちよく着られました。だから、お店ではアイテムごとに二サイズ、三サイズ上まで試着してみて、「ぴったりの一枚」を選ぶようにしています。

もうひとつ、豊富なカラー展開のユニクロですが、どの色にするか迷ったら黒を手に取るようにしています。どんなアイテムでも、黒だと何年経っても飽きることなく、シックに見える気がします。

ロングカーディガン

気軽に羽織れるUVカット効果もあるロングカーディガンは、二サイズ上のLサイズのものを選びました。ドルマンスリーブなので、今流行りの袖が太いトップスと重ねても、もたつきません。

ロングスカート

しなやかでやわらかく、とても肌触りのよいスカート。落ち感がきれいなので長めの丈でも重たく見えません。ウエストがゴムなので、トップスの厚みが変わっても、ある程度融通がきくから、一年中着られます。

GUのとろみブラウス

ポリエステルなのでシャツをボトムにインしてもしわが気になりません。シヤツカラーのブラウスは、やわらかな素材のものを選ぶと、体形の変化も気にせずに着られ、きちんと感もあるようです。

3Dニット

ホールガーメント編みのニットは、いつも着ているセーターの身幅を測り、同じ身幅のLサイズを。着やすかったので色違いも購入し、ワンピースの上に重ねたり、ボトムにインして着たり。レイヤードスタイルを楽しみます。

日々の下着

体形や洋服に合わせた下着選びは、ここのところの関心事。歳を重ねて、サイズ自体は変わらなくても体形が変わり、筋肉が落ちてくるのか、下着の締めつけがとても窮屈に感じるのです。

日々、身につけるブラも、バストの形を整えるようなホールド力の高いものを身につけると、跡がつきやすいのと、胸のない私でもバストが変に持ち上がり、胸板が厚く見えてしまいます。私だけではなく、まわりの同世代の方も感じているようで、親しくしているショップの方ともそんな話になり、話題がつきませんでした。

それ以来、解決策を探るために、シンプルなスポーツブラを試してみたり、カップつきキャミソールにしてみたり。あれこれ試してはみたけれど、結局は、昔から愛用しているキッドブルーのブラの添えつけパットを抜き、その上にエアリズムのキャミソールを重ねる形に落ち着きました。ジャストサイズのエアリズムを着ると服のなかでもたつかず、薄手なのに背中のブラのラインも隠せて、汗を気にせず着られるから、一年中愛用しています。

スカートの下にはくペチコートも探していたもののひとつ。よくはいているスカートが、白いものや、薄手の麻のものが多いので、足の形が透けないよう、ペチコートは必須アイテムです。安心感を求めて厚いものを選ぶと、お腹まわりがもたつくし、足さばきもよくありません。百貨店で有名メーカーのものを見せてもらうと、価格が身の丈に合わず、幾つか色を揃えたくてもなかなか手が出ません。

あれこれ試した結果、一番よかったのが、アマゾンで見つけたドレス用のロングペチコート。サテン素材のもので、タイト過ぎずスマートなシルエットで、歩幅の広い私の足の動きにも自然についてきてくれます。また、三色から選べるので、ナチュラルな麻にはグレー、ネイビーや黒のスカートには黒、白っぽいスカートには白と、馴染む色を選んでいます。値段も手頃なので、何枚も揃えられるのも嬉しいところ。手持ちのスカートに合わせて丈上げをし、ぴったりの長さにしています。同じような素材のペチパンツも見つけ、ワイドパンツや、足にまとわりつくようなウールのパンツに活躍しています。

夏用のイメージのあるエアリズムですが、今は、冬でも暖房で汗をかくこともあるから、吸湿性を考えて、一年中愛用しています。

ウエストからストンと落ちるすっきりした形なのに、足さばきもよくはけるすぐれもの。スカートより五センチ短めに丈上げして。

今、履きたいものを

　数年前、母が足の指を骨折しました。歳をとるとちょっとしたつまずきで折れてしまうようです。それから一年ほど経ち、不自由なく歩けるようになったときに、母と一緒に靴を買いに出かけました。喜び勇んで行ったのに、靴選びは思いの外難しく、以前、母が好んで履いていたような、少しかかとのある靴は、もう合わなくなっているようでした。足の形に添うもの、甲の高さが合うもの、脱ぎ履きのしやすいもの……と次々に試していっても、なかなか「ぴったりの一足」が見つかりません。三時間ほどかけて、何十足か試したでしょうか。母が選んだのは、歩きやすいウォーキングシューズでした。

　母くらいの年齢になると、ちょっと歩かないでいるとすっかり筋力も落ちて、「歩くこと」がとても大事なのだと知りました。今の母には、好きなものより、楽に歩けるものが一番。元気でいてくれることに感謝しながら、「好きな靴を履けるうちに、おしゃれを楽しもう」。そう思うきっかけになりました。

　最近の私は、かかとの少しあるかぶりの深いサンダルを一年中履いています。今は、この靴ありきで服の組み合わせを考えることがほとんど。バックバンドがない分、履いていてずれないようにジェルインソールを入れたり、滑りにくいよう靴裏に滑り止めを貼ったり、歩きやすいよう工夫もしています。

　靴は、おしゃれのアイテムとしてだけでなく、自分の足の特徴や歩きかたなどを加味して選ぶ、特別なもの。いい靴に出会えること、ぴったりのものを探し当てることは、少し難しいけれど、とても幸せなことなのです。背筋を伸ばして颯爽と歩ける、そんな靴が理想です。

かかとが木になっている靴

先が尖ったこのサンダルは、前から見るとショートブーツのようなマニッシュな形も気に入っています。太いヒールは安定感があって歩きやすく、革巻きのヒールと違い、かかとめくれを気にすることなく歩けます。

つま先が開いているミュール

夏用に、つま先が開いているミュールをセールで見つけました。ソックスと合わせやすいよう、少しだけ開いているくらいが好みです。デニムのスカートに合わせたら、足元に軽やかさが出て、新鮮に感じました。

レースアップシューズ

レペットの靴はやわらかな羊革がとても履きやすく、かかとがある分、多少前傾姿勢になるからか、足が前に出やすい気がします。白いスカートの装いも、きりりと引き締めてくれるから、頼りになる一足です。

ジェルインソール

気持ちよく履けるように、ジェルインソールを必ず入れています。滑らず、歩くときの衝撃も吸収してくれるからか、足も疲れにくくなりました。いつも清潔に保てるように、こまめに中性洗剤で洗っています。

靴の手入れ

同じ靴は二度と手に入らないかもしれないから、長く履けるよう手間は惜しみません。やわらかな布でさっと埃を払ったら、クリーナーで汚れを落とし、靴の色に合わせた靴クリームを塗って、メンテナンスをしています。

4章

からだを労わる食事のこと

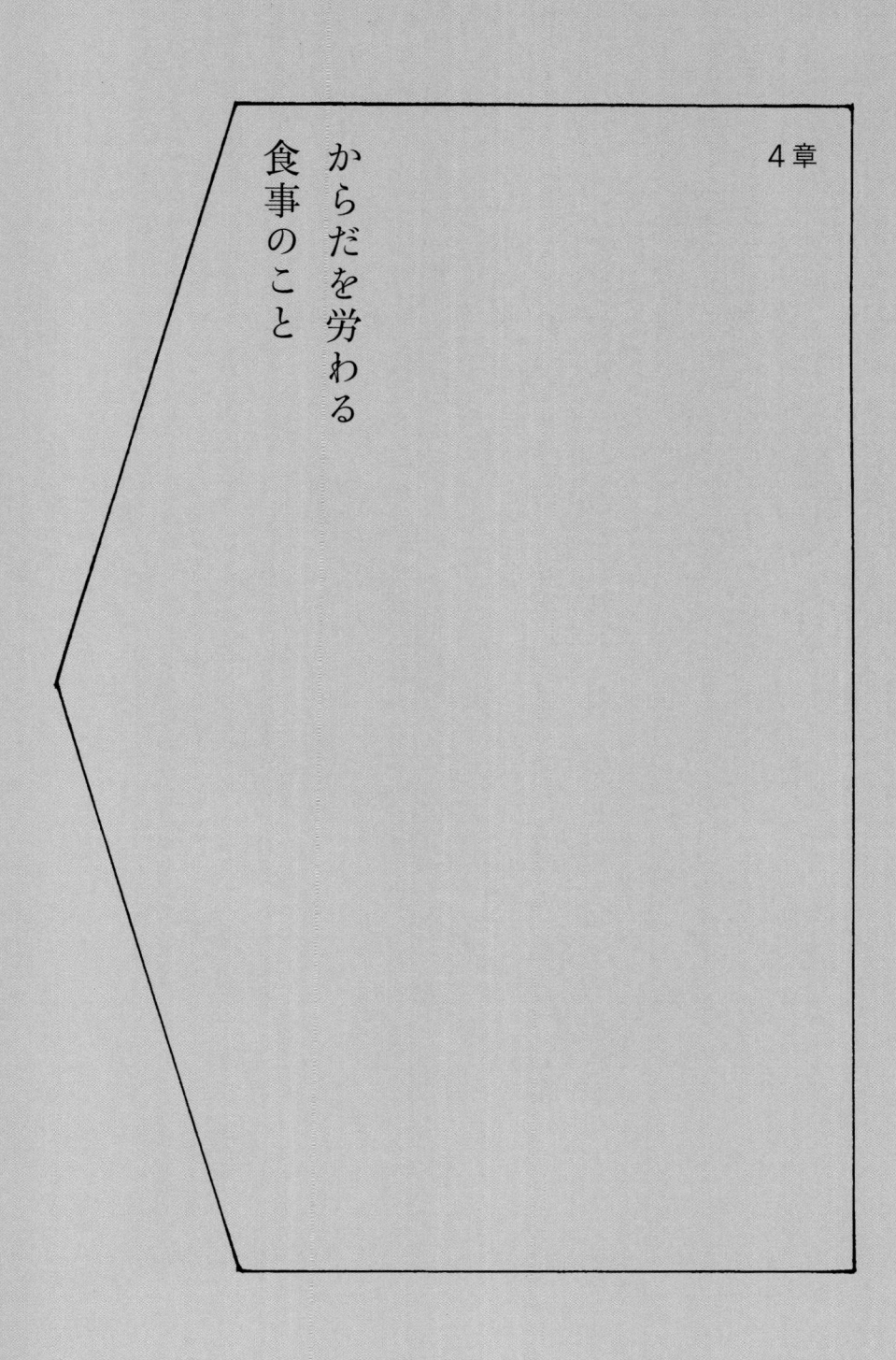

十年後もすこやかに

献立の栄養価やカロリー計算ができるサイトを利用しながら、夕食の支度をしています。これがとても便利で、食事の成果も目に見えて感じるから、夕食作りのモチベーション維持にも繋がります。

ここのところ、カロリー計算をしながら食事の支度をしています。今は携帯で簡単に、カロリーや栄養価がわかるサイトがあるのです。食べるものの栄養素を知ることができ、一食分のカロリーの総計まで出せるから、ゲーム感覚で楽しいのです。食材の特性や知らなかった栄養素も知ることができ、よくCMで見かける「美味しいものは脂肪と糖で……」を実感しているところです(笑)。

きっかけは、二年前の健康診断でのこと。体重はほとんど変わらないのに、腹囲だけが前年より八センチも増えていたのです。「これはいつものスカートが似合わなくなるはずだ」と妙に納得しました。それまでも食事には気を遣っていたつもりでした。でも、「つもり」ではいけない、これは本気でなんとかしないと。そう思わせてくれた出来事でした。

まず手始めに、一日に必要なカロリーを調べてみることにしました。だいたい私の年齢と活動量だと、千六百五十キロカロリー。とりあえず毎日の朝食メニューを入力すると、サラダにかけるドレッシングだけで六十キロカロリーもあるのです。次々に入力していくと、トータルのカロリーは七百キロカロリー近くに。脂質も朝食だけで一日の必要量の半分ほどを摂取していることがわかりました。ゴマは栄養があるからたっぷりかけようとか、トマトジュースにオリーブオイルを入れようとか。気を遣っていたはずの食事内容が、実はハイカロリーだったことを知り、食事改善に取り組むことにしました。

すると気づかされることがたくさんありました。例えば、たんぱく質は夫が好きな肉類で必要量すべてをまかなおうとすると、脂質がオーバーしてしまいます。それがわかってから、一食あたりのお肉の重さを量り、不足する分のたんぱく質は、豆腐や豆類、ささみなどで補うようになりました。また、たっぷり野菜を食べられるように、酵素が摂れる生野菜だけでなく、お肉のソテーにはたくさんの焼き野菜を添えたり、豚しゃぶも蒸し野菜と一緒にしたり。

そんな風に工夫して、食卓を囲むようになりました。

そうした食生活を続けたところ、嬉しいことに一年後の健康診断では腹囲は元通りに。夫は五キロ痩せました。ほっとしたのと同時に、まだ日々の心がけ次第で、健康を取り戻せる年齢なのだと気づきました。今はまだ食事の支度が普通にこなせて、面倒な計算も辛くない、このタイミングで食事改善に取り組めたのは、とても幸運なことだと思います。

必要な栄養素はきちんと摂れて、見た目も少し華やかになるように。シェフの本や料理の本を見ながら、日々の献立や、盛りつけを工夫しています。

オイルは小さじ一杯

肉や魚を焼くときに、何も考えずにひいていたオイルを、小さじ一杯にすることに。小さじ一杯のオリーブオイルは四十三キロカロリー。テフロン加工のフライパンなので、少量でも焦げつくことなく、美味しく焼けます。

豆腐でたんぱく質を補充

夕食には、必ず豆腐をいただくようにしました。淡白な味わいなので飽きてしまわないよう、トッピングするものを幾つか用意しています。人参やラディッシュなど彩りのよい食材を選ぶと、食卓も華やぐようで、一石二鳥です。

納豆で骨を守る

最近受けた健康診断で、骨密度が低下しているので、ビタミンKを摂るために毎食納豆を食べたほうがいいと言われました。夫が苦手なので、食事のときでなくても食べられるよう、いつも冷蔵庫にストックしています。

カルシウム入り牛乳

毎朝飲むようにしている牛乳は、低脂肪でカルシウムの含有量が多いもの。実はあまり牛乳が得意ではないのですが、私の歳になると、骨への影響を考えて、努めて飲むようにしています。

食事をマンネリ化しない

わが家では、一緒に食事をすることを大切にしています。食事の時間は、食べるだけでなく、家族の時間なのです。食卓を囲みながら、今日一日の出来事を話したり、お互いの家族にまつわる相談をしたり。たわいもない世間話をすることもあります。いいことも気がかりなことも、食事をしながら共有できる、そんな家族でいられたらと思います。

心穏やかに会話できるよう、食卓が楽しみな空間であればいいと思っています。常日頃、そんな気持ちでいるのですが、食事は毎日のこと。作るのも、食べるのも、どうしたって飽きがきてしまいます。安心する「いつもの味」も大事ですが、手の込んだものでなくていいから、ちょっと気分が変わる「目新しい味」も取り入れて、毎日の食卓が新鮮に感じられるよう心がけています。

そんなときに、手っ取り早く雰囲気を変えてくれるのが、毎日いただいているサラダ。彩りのある野菜を取り合わせて、ガラスボウルにたっぷり作るので、わが家では食卓の主役と言えるかもしれません。プロの方のサラダ本を見ながら、内容を考えたり、盛りつけをちょっと凝ってみたり。食材の切りかたを変えるだけでも新鮮に映るよう。その季節ごとに旬の野菜を使うと、いつも目に新しく、自然とマンネリも避けられます。

それから、器選びも、食卓の雰囲気づくりには効果的で、私にとっても心浮き立つ時間です。作り慣れた惣菜も器を選び、ほんの少し手をかけながら盛りつけて。夫が「おっ」と反応してくれたときは、心の中で「よし！」と思うのです(笑)。

毎日いただくサラダの風味を変えられるように、ハーブやピクルスなどを用意しています。ときには生姜を加えて和風にしたり、酢玉ねぎでドレッシングを作ったり。

作り置きの効能

毎週日曜日、宅配の野菜が届く日に、翌一週間分の野菜の下処理をして冷蔵庫にストックしておくことを、しばらく習慣にしています。サラダ用の野菜は洗って、キッチンペーパーを敷いた保存容器に。いんげんや青菜はさっと茹でてすぐ食べられるように。口直しになるよう、浅漬けやピクルスも作り置き。数品保存食も作るので、日曜の夜は冷蔵庫がいっぱいに。充実した庫内を眺めると、「今日もよく頑張りました」とふーっと力が抜けていきます。

少し前までは、さっと行動に移せていたことが、少しずつ時間がかかるようになってきました。食事の支度もそのひとつ。忙しい日は、献立を「これ」と決める前に、「下処理が大変だなぁ」「出汁もとらなくては」と、ぼんやり考えていると、億劫な気持ちが勝り、取りかかるまでの助走時間が長くなってしまうのです。

そんなとき、冷蔵庫に野菜のストックがあれば、本当に気持ちが楽になります。からだのことを考えて、毎日野菜をたくさん摂るようにしているので、その肝心な野菜の準備ができているのは、大きな安心。あとはお肉を焼こうとか、お魚を蒸そうとか、考えるべきことが少ないので、忙しい日も途端に前向きな気持ちに変わります。

また、炊き込みごはんを作るときも、多めに作って残りを一食分ずつ小分けにして冷凍しておきます。これも、疲れた日のためのお助けごはん。ストックの炊き込みごはんを温めて、冷蔵庫のサラダを盛りつけて、あとはお味噌汁さえ作ればよし。疲れて何も考えられないとき、このお助け飯があると「大丈夫」と思えます。

保存容器はイワキガラスのものを
愛用しています。ガラスだと中身
も一目でわかり、におい移りもな
く清潔に保てるから安心です。

作り置きを終え、これ以上何も入らない状態の冷蔵庫。この眺めが好きで、ほっとして来週も頑張れそうな気になるのです。

ちょっとおかずが足りないときのために、ちょい足しできるキーマカレーや豆類も幾つか用意しておきます。

脂質を摂り過ぎないよう、魚はホイル蒸しにすることがほとんど。一緒に添えるオイル抜きラタトゥイユもよく作り置くメニュー。

お肉をかさ増しできるよう、野菜に巻いて食べることが増えました。アスパラやズッキーニ、いんげんなどをよく使います。

小腹が空いたときに食べたくなる、かぼちゃの煮物やほうれんそうのおひたしは、甘さを控えて作り、毎週欠かさず用意しています。

季節の炊き込みごはんも冷凍ストック。桜の塩漬けを使った炊き込みごはんは、疲れた日でも、ほんのり漂う香りに食欲が増します。

いつも手に取る美味しいもの

本をあしらった箱に入っている、ルピシアのお茶をお返しにいただきました。開けてみると、全世界のラッキーチャームの名前をつけたティーバッグが、一回分ずつ個包装で並んでいます。いろんな種類のお茶があり、どれを飲んでも自分の記憶になかった味わいがとても新鮮で、いい気分転換になりました。付属の冊子には、名前のもとになったチャームのことも書かれていて、それを読むのも楽しい時間。美味しかったお茶には、この冊子に印をつけておき、また友人が遊びに来たときは、「何を飲む?」などと、話題作りにもなりました。どうしてももう一度飲みたくなり、同じものを自分でも購入。紅茶を〝ちゃんと淹れている感じ〟がするのも、なんだか嬉しく、次回のシリーズも心待ちにしています。

明治の「ザ・チョコレート」は、小分けされているのが食べやすくて。チョコレートはカカオ含有量の多いものを選びます。このチョコレートは気軽に買えるうえに、とても風味がいいのです。ちょっと疲れたなと感じたら、ガラス容器から一枚取り出し、エスプレッソとともにお茶の時間を楽しみます。

それから、無印良品の「おこげせんべい」もよく買うもののひとつ。ひとりでいて、小腹が空いたときにちょっと食べるのにいいのです。とろけるチーズをこのおせんべいの上に乗せてトースターで焼き、同じ無印良品の「オニオンスープ」に浮かべると、オニオングラタンスープのような味わいに。私はオニオングラタンスープが好きなのですが、実はあのバゲットがやわやわになった食感は苦手。このおせんべいを使うと、香ばしさが前に出て、自分好みに仕上がるのです。

本のような箱に整列したティーバッグ。このシリーズは年に一、二度販売されているようで、詰め合わせの種類も少し変わるようです。

季節の茶葉も一缶入っていて、それぞれのお茶にはお湯の温度と抽出時間が明記されており、その通りに淹れると確実に美味しいのです。

無印良品に寄ったら、必ず買って帰るおこげせんべい。この上に、お漬物やお惣菜をトッピングして、おつまみのようにいただくことも。

チーズをトッピングして焼いたおせんべいは、オニオンスープとともに。タイムやディルなどハーブを添えると香りもよく。

皮つきピーナッツとチョコレートが、わが家の定番おやつ。容器はカステヘルミの蓋つきジャーと、キントーのシャーレーガラスケース。

原稿を書きながら、急に眠気が襲ってきたときの休息には、エスプレッソコーヒーとビターチョコレートの組み合わせが一番効きます。

5章

大切な人の間で

補い合える夫婦に

　夫婦ふたりのわが家では、結婚して二十年ほどは、家事や地域との関わり、銀行や保険などの手続きなど、暮らしのなかのあれこれは、私の役割でした。ここ十年ほどは、夫もやってくれるようになり、幾つかの家事を分担しています。それでも、今はまだ、私だけが知っていることも多いから、何ごとも共有できたらと思っているところです。家事ならお互いが一通りこなせる、書類ごともだいたい把握して手続きができる、そんな生活が理想。一朝一夕にはいかないと思いますが、これからの年月も思いやりを持って過ごせるよう、補い合える仲でいられたらと思っています。

　まずは、家事に気持ちよく取り組めるよう、工夫するようになりました。例えばアイロンがけ。十年前までは、私がアイロンがけを好きなこともあり、私がするものだと思っていたのですが、足を悪くして座れなくなったときに、夫もやってくれるようになりました。それを機に、初心者でも使いやすいよう、布に合わせた温度や、スチームのための水の残量などが、一目でわかるシンプルな機能のものを、主に夫用として買い足すことにしました。使い勝手のよい道具は、家事をスムーズにこなす助けになってくれます。

　お風呂掃除も、夫が率先してやってくれる家事のひとつ。風呂上がりに掃除をしてくれるから、すぐに取りかかれるように、戸棚に仕舞っておいた掃除道具を、浴室に揃えておくようにしました。

　また、家事以外でも生活するうえで必要なことはたくさんあります。そのなかでも大切なのが、何年かごとにまわってくる町内会の役員。夫は無口で、

愛猫クリムの世話も、お互いにできるよう、クリムのための必需品は、ひとまとめにしてすぐ手が届く場所に揃えています。

こういった役回りはあまり得意ではないだろうから と、数年前まではいつも私が参加していました。ある年に夫に交代してもらうと、月に一度の会合はもとより、地域の見まわりにも参加するなど、積極的に関わってくれ、そんな面もあったのだと私のほうが驚きました。お互い得手不得手があることはなんとなく理解しているつもりでしたが、まだまだ知らないこともあるのです。

それから、この先どちらかがひとりになったときに困らないような準備も、しておこうと考えるようになりました。まず始めたのが、毎日使っている日用品を、スーパーやドラッグストアなど、身近な場所で手に入るものから選ぶこと。今は種類も豊富で、選び続けること自体、案外疲れてしまうから、歳を重ねても迷わず揃えられるよう、「このショップのこの場所に行けば置いてある」と、明確にわかるものから選ぶようにしています。買い物は結構時間がかかるから、疲れず買って帰れることも大事なことだと思うのです。

夫婦は一番身近な家族である分、普段から補い合う気持ちでいると、ささやかな幸せが増えて、これからの日々も心地よく暮らせそうです。お互いが率先してやれる仕組みや、考えかたを更新していくことも、明るい未来に繋がる一歩だと思うのです。

日用品は夫にもわかりやすく

アイロンは、さっと使えるよう、リビングの棚に仕舞っています。十年前に夫のために買い求めたのが白いアイロン。以前のものが壊れてしまい、今はもう二台目になりました。私も麻の服にかけるとき以外は、こちらを使うようになりました。

トイレットペーパーは、すぐに替えられるよう、手が届く場所に収納庫をつけました。その場所で使うものは、その場所に保管しておく。今はそれが理想です。在庫がなくなりそうだと気づいたら、お互いに声がけするようにしています。

日用品は、どこでも手に入るものから選ぶようになりました。〝美白〟の歯磨き粉は着色汚れもきれいに落ちるすぐれもの。夫も買い物がしやすくなったようで、仕事帰りに頼んでも快く買ってきてもらえます。

家族で使うハサミやペンなどの文房具は、ここと決めて、ひとつの引き出しにまとめて収納しています。みんなで使う場所だから、多少乱雑になっても平気。気づいたときに片づけるようにしています。

得意なことを
率先してできるように

キッチンやお風呂などの排水溝の掃除は、漂白剤を使うこともあるから、私がするようにしています。漂白剤を使うと何故かクリムが寄ってくるので、換気をしながらクリムの行動にも注意して、作業をするようにしています。

何かをこぼしたり、汚れを見つけたりしたときに、さっと簡単に拭き取れるよう、キッチン掃除や手拭き用などの、ウエットティッシュを幾つか用意しています。「ここを開ければなんでもある」、そんな場所を作っておくと便利です。

お風呂洗い用の洗剤とスポンジは、すぐに使えるようお風呂場に吊り下げて。バスタイムは癒しの時間でもあるから、目に入っても違和感のないよう、白いボトルに詰め替え、バススポンジも汚れが目立つ前に取り替えるようにしています。

してくれたことに感謝できる人に

何かをしてもらったとき、心のなかではとてもありがたいと思っているのに、身近な人にだと甘えがあるからか、それを伝える前に、ちょっともやもやしてしまうことがあります。そんな風に思うのはいけないなあ、とわかっているのですが、ついそう思ってしまう日もあるのです。

昨年の年の瀬に大掃除をしていたときのこと。夫が窓拭きをしてくれました。ふと見ると、使い終えた窓拭き用のスプレー洗剤と汚れた雑巾が、そのまま床に。「せっかくなら、片づけてくれたらいいのに」と、私も慌ただしく掃除をしていたこともあり、ちょっとむっとしてしまいました。

不思議なもので、そのときの気分次第で、やってくれたことより、やってくれなかったことに目がいってしまうのです。そうではなくて「窓を磨いてくれたから、助かった」とだけ素直に思えば、自分も嫌な気持ちにならず、掃除もひとつ終えていることになります。やってくれたことに、まずは「ありがとう」という気持ちを持てる人になりたいものです。

もしかしたら、これは夫にだけではなくて、誰に対してでも言えることかもしれません。もし、誰かが協力してくれたなら、してほしかったことを連ねて残念に思うよりも、してくれたことを喜んで幸せを重ねていくほうが、きっと笑顔で居られそう。何かを一緒に、心を通わせてやってくれる人がいるというのは、とても心強いこと。そのことに心から感謝して、謙虚な気持ちを忘れない人でいられたらと思います。

してくれたことをよかったことにするのも、そうでないことにするのも自分の捉え方次第。素直に感謝できる人のほうが、自分の気持ちも整って幸せに過ごせそうです。

母にできること

先日、わが家に遊びに来たときに、母がセーターを着ていました。ふと、「セーターを洗うのは大変なのかも」と思い、後日また母が来る日を見越して、好きそうなセーターを用意しておき、「よかったら、それを着て帰って。今着ているセーターは、私が洗っておくね」と言ってみました。その提案を母も快く受け入れてくれて、それからは、私が行ったときも、手間がかかりそうな洗濯物があれば、持って帰るようにしています。些細なことなのですが、今は母の助けになれることが嬉しいのです。

最近の母を見ていると、私の歳ならなんでもなくできることが、億劫になってしまうのだと、感じるようになりました。それはある意味当たり前のこと。義母と日々の出来事を電話で話しても、階段を上がるのが大変になったとか、昨日までできていたことが思うようにできなくなったとか、そんな会話が増えてきたように思います。変わらないと思っていた母たちが歳を重ねていることを、実感する毎日です。

いつか私にも、そんな日がくるのだから、変に不安がらずに心づもりができるよう、今は母の気持ちを身近で感じていようと思っています。母に寄り添いながら、もし私だったらと置き換えて、母が言われたくないことは言わないようにしよう。いつも明るく笑顔でいよう。母を大切に思っていることをたくさん言葉にして伝えよう。そんな母を思いやる気持ちも強くなり、私も娘の立場から、ようやく独り立ちしてきたのかもしれません。

私も今の母のように、いつも明るく笑って過ごしながら、いつの日か人から愛される、可愛らしいおばあちゃんになれたらと思う、今日この頃です。

自分のニットを洗うついでに、母のニットも洗った日。部屋からベランダを眺めながら、ふと母に「大好きだよ」と伝えたくなり、急いで携帯を手に電話しました。

友人はチーム

ある日、近所に住んでいる長いつき合いの友人と電話で話していたときに、不意にこれから先の暮らしかたについての話題になりました。すると友人は「私はクリムのことが心配なのよ」と言ってくれたのです。彼女は、私が出張のときに、愛猫を見ていてくれる人。自分のことのようにクリムのことを考えてくれて、真っ先にそんな言葉をかけてくれたときに、「友人とはチームなんだな」と思い、なんだか嬉しくなりました。出張へ出かけた先にも、クリムのことを心配しないようにと、画像つきで癒しのメールを送ってくれるような人。自分より人のことを優先して気遣える、そんな彼女を尊敬しています。

私がチームだと感じている友人は、他にも何人か居て、私からのおせっかいも快く受け入れてくれます。以前、ある友人に何度電話をしても繋がらなかったことがあり、それがとても心配で、私がタクシーで駆けつけたことがありました。ただ携帯の充電が切れていただけという、気の抜けるような結末は、今ではふたりの笑い話です。心配になったときに、気構えずに行動に移せる。そんな関係性も気を許しているからこそ。その彼女も、私の好物を覚えていてくれて、毎年必ず桜の頃になると、桜味のクッキーを手に、わが家に遊びに来てくれます。それを私も心待ちにしていて、桜づくしのテーブルで迎え、食事をしながら近況を報告し合って。日々慌ただしく過ぎていくなか、人生にはこんな心からリラックスできる時間も必要で、たわいもない日常話ができることも、ありがたく感じます。

五十代になると、親の介護や自分の体調の変化など、はじめて経験することも多いから、どんなとき

桜の時期には桜風味のものを持ち寄って、お茶の時間を楽しみます。旬のものをいただきながら、ただ話をするだけ。そんな時間がいいのです。

もひとりではないと思える、同世代の仲間がいることは、大きな助けになります。この先の未来を不安がらずに過ごすための、大切な存在。これからは、どんどん体力も落ちてくるし、瞬時の判断もできなくなるでしょう。そんなときに相談できる人がいると思うだけで、とても心強いのです。

心の妙薬は、話すことが一番。病気のことやお金のことなど、普通なら人に話さないようなことも、お互い腹を割って話すことで、心の整理もつきそうです。

助けられたり、助けたり。友人にはたくさん支えてもらっている気がします。同じように友人たちを支えるために、寛容に物ごとを受け止められるだけのタフさを、私も持ち合わせていたいと思います。

ヨックモックの「さくらクッキー」は、私の大好物。缶の中には、桜花と桜葉2種類の風味があり、桜葉のほうが好み。桜湯と一緒にいただきます。

友人にクリムを見てもらうときは、薬やドライフードなどを一回分ずつ小分けにし、トイレ用のゴミ袋も用意して、手紙を添えて玄関先に。

夫の帰宅前の三十分ですること

幾つかの仕事を掛け持ちしながら、家で仕事をしていると、たくさんの資料があちこちに散乱していたり、本が山積みになっていたり。特に洋服やインテリアなどの撮影があるときは大変で、まるで泥棒に入られたようになっていることも多いのです(笑)。それでも、夫が帰ってきたときには、気持ちのいい状態で迎えたいと思っているから、帰るコールをもらってから帰宅するまでの三十分の間に、いつも大急ぎで部屋を整えています。

まずは自分の仕事を切り上げ、書類を整理したら、一気に片づけを始めます。少し前までは「キリのいいところまでやってしまおう」と、作業を続けたり、切り上げるにしても「もう少し進めたかったのに」と思ったりする日もありました。でも今は、私自身疲れやすくなっていることもあり、仕事が立て込んでいなければ「今日はここまで」と自分にも言い聞かせ、暮らしを優先しています。

服を選んでいて埃っぽくなっていたら、急いで埃を払って、使っていた場所に掃除機をかけます。テーブルで資料を広げたら、テーブルを拭いて整えます。理想は何もなかったかのように迎えられるのがベストなのですが、家に着くまでに片づかないと見込んだときは、「家が散らかっているけどごめんね」とあらかじめ伝えておくようにしています。

家で仕事をするということは、家族の協力が不可欠です。特に撮影の前日などは、荷造りしたたくさんの段ボールが廊下に並ぶこともしょっちゅう。それでも何も言わずに、普段通りに過ごしてくれる夫に、ささやかだけど私ができる感謝の気持ちです。

夫の帰宅前三十分でやっていること

① 帰るコールをもらったら、まずはパソコンを終了し、出ている書類をまとめます。

3

デスクワークのお供にしたグラスやマグカップも、キッチンに運びます。

2

書類や文具などをひとつずつ定位置に仕舞ったら、パソコンもワークテーブルに戻しておきます。

7

ウェットティッシュを使って、隅々までテーブルを拭きます。

6

使った場所に掃除機をかけます。

④

器をすべて洗ったら、夕食の支度ができるよう、シンクにアルコールスプレーを吹きつけ除菌します。

⑤

ウェーブワイパーを使い、棚や雑貨の埃を拭き取ります。

⑧

掃除を終えたら夫のスリッパを玄関に用意しておきます。

⑨

いつでもお湯をためられるように、浴槽に蓋をしておきます。

いいことを伝えられる人に

友人と電話をしていたときのこと。友人が、「今度旅行に行くんだよ。ホテルはここにしたよ」と言いました。そのときに、私も何度も訪れた場所だったので、つい悪気なく「別のホテルのほうがよかったかも」と言ってしまって、すぐに「あっ」と思いました。「楽しんできてね」と心から思っているのに、彼女の決めたことに水をさすようなことをしてしまったかも……と反省しました。そのあとの会話では、「この場所もきれいだったよ」、「このレストラン美味しかったよ」などと、私がその場所で楽しかった感想を彼女に伝え、彼女も楽しみにしているようで、話が弾んでほっとしました。

歳を重ねると、いろいろな経験値が増えて、つい余計なことを言ってしまうことがあります。でも価値観は人それぞれで、思っていることも違うのだから、相手が楽しみにしていたり、考えて決めたりしたことには、弾みになるような明るい言葉で返せたらと思うのです。

もちろん、「自分だったら」と相手の立場を自分の立場に置き換えて考えるべきときもあります。けれど、そんなときもまずは相手の立場で話を聞くことが大切。それから、「自分だったら」という助言が必要かどうかを考えればいいと思うのです。不用意に口を挟まないことも、やさしさのような気がします。

思いやりのある言葉選びで会話をしていると、相手も穏やかな言葉で返してくれるから、自分が口にした言葉は、自分にも返ってくるような気がしています。いつも丁寧に、誠実な言葉で話そう。最近心に留めていることです。

クリムがそばに居てくれること

昨年の夏、クリムが変な戻しかたをしました。五年ほど前から持病があり、通院していたものの、このときはなんだか胸騒ぎがしました。夜中だったので、急いで救急病院に連れて行くと、腸に何かあるとのこと。そのとき真っ先に思い浮かんだのが、前にいた愛猫ミルクのことでした。ミルクを腸の癌で亡くしていたから、また か……と、とても不安になりました。ミルクのときに「もっと何かしてあげられたのでは」と、ものすごく後悔したから、もう同じ思いはしないよう、迷わず大学病院に精密検査をしに行くことを決めました。

はじめて受診してから十日後、検査の結果、腸のリンパ腫であることがわかりました。細かな癌細胞がある高分子リンパ腫ということで、

「この病気には抗がん剤が有効です」と、先生が教えてくれました。そのときに、人間とは投与のしかたが違うこと、家で投与できること、猫はあまり副作用がないこと、などが伝えられました。そして「もしこのまま治療をしなければどうなりますか」と先生に質問したところ、「もう一か月も持たないでしょう」との回答でした。

検査結果を待つ間にも、たくさん迷っていろいろ調べたり、本を読んだり。他のことには思考が働かない日々が続きました。その間にもクリムはどんどん痩せていき、とても辛いはずなのですが、私がトイレに行くときもお風呂に入るときも、必ずそばについてきます。元気もないはずなのに、よたよたと歩いてくるのです。「まだそばに居ようとしているんだ」と感じ、私もまだクリムと一緒に居たいと強く思いました。そして抗がん剤の投薬を決めました。

定期的に病院に通いながら、毎日薬を与えたり、クリムが戻したものや排泄物は、手袋とマスクをして掃除をしたり。気になって何度も夜中に起きたりして大変な毎日でしたが、一年の闘病を経て、無事クリムは十二歳の誕生日を迎えることができました。もう迎えられないかもと思っていた誕生日なので、感慨もひとしお。そばに居てくれることをとても愛おしく思いました。

それから一か月ほどが経ち、病院で受診したところ、癌が寛解したと先生から告げられました。あまりに嬉しくて、その場で「本当ですか！」と言いながら涙したほど。この先、もしかしたら再発することがあるのかもしれませんが、今は素直に喜びたいと思います。

この一年、どこかで覚悟をしながら過ごしてきた分、気弱な私にも、これからの心構えができたような気がしています。クリムと寄り添いながら過ごしたこの一年が、とても幸せで、関わってくださったまわりの方にもとても感謝しています。クリムがそばに居てこその心穏やかな暮らし。今はそのことを感じながら、一日一日を大切に過ごすようにしています。今では、体重もすっかり元に戻り、食欲旺盛でやんちゃなクリムが居ます。そんなクリムを見ていられることが、とても嬉しく、私が一番やさしい笑顔でいるときだと思います。

クリムがわが家に来た頃の写真。「クーちゃん」がわが家での愛称です。

自分のための時間も大切に

お酒を飲めない私は、食事を終えたら、夜の時間を長く使えます。そうするとなんでも「夜に片づけよう」と思ってしまうところがあります。体力があった若い頃は、生真面目な性格も手伝って、徹夜して手作りの作品を仕上げたり、締め切りに間に合わせようと原稿を書いたり。そんな風に頑張ったからこそ得たもの、積み重なったこともたくさんあります。今でも、頑張れるときは、頑張ることもときには必要だと思いますが、最近はそんな性格が和らいできたような気がします。

以前は、夜中にふと思い出し、日中できなかったニットの手洗いを始め、「せっかく洗うのだから、一枚と言わず、これも、これも」と洗い続けることもありました。食器棚のグラスも、ひとつ曇りが気になると、「ついでだから」と揃いのグラスを洗ったり磨いたり。自分で自分の仕事を際限なく増やしていたようにも思います。「心地いいこと」に目を向け過ぎて、自分の労力を、使い過ぎていたのでしょう。この頃は「ちゃんと休む」ことも大事だと思うようになりました。

夫が寝たあと、最低限の家事を済ませてからは自分を労わる時間。本を読んだり、録画した番組を一本見たり。自分の時間と言いながら、気がつくと、なにがしかの用事を片づけていて「あれ、休めていないかも」と思うこともいまだにありますが(笑)。それでもだんだんと休み上手になり、夜寝る前にゆったりとした時間を持つことで頭もからだも緩むのか、前よりもぐっすりと眠れるようになりました。自分のための心地いい時間は、次の日の活力にもなるようです。

ぼんやりした明かりの中ハーブティーを飲むと、今日あった出来事から解放されて、気持ちがほぐれます。最近は本を眺めているとすぐに眠くなるのが玉にきず(笑)。

6章

幸せを重ねるために

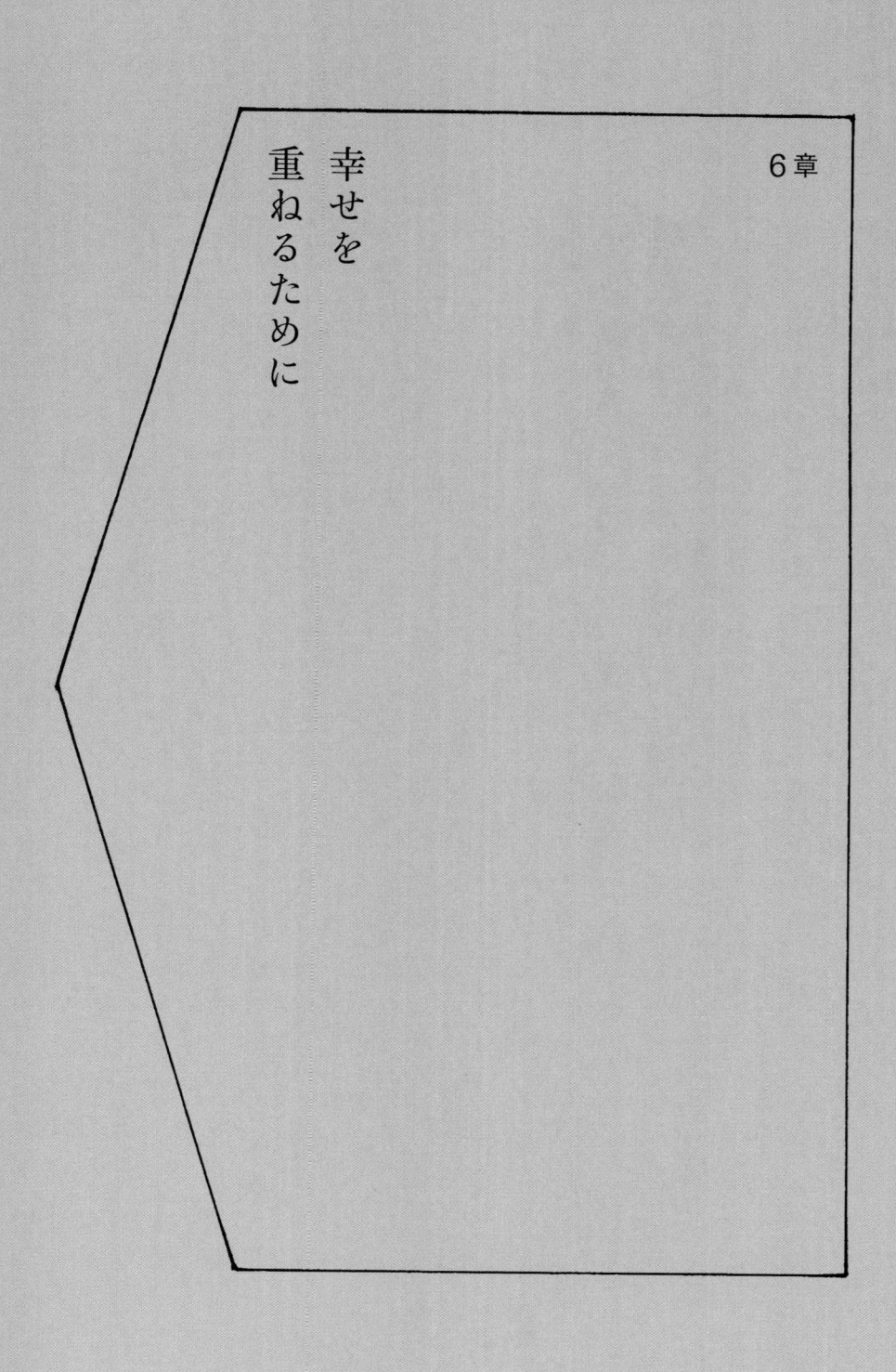

幸せを見失わないために

本を書いたり、コラボレーションで服を作ったり、取材をお受けしたりと、もうこの生活を始めて十五年ほど経ちました。家事も仕事も、どちらも大切にしている好きなことですが、仕事を受けるかどうか迷ったときには、まずは家族のことを考えます。

それには理由があって、自分の器はそんなに大きくないと自覚しているからです。身の丈を知ることはとても大切で、いただく仕事も家族との暮らしも、どちらもできるなら丁寧に進めたいのです。以前より考えかたがおおらかになってきたとはいえ、手を抜くことがなかなかできないから(笑)、自分の心がちゃんと行き届く範囲をわかっておくことも、幸せを見失わない秘訣だと思っています。

何かひとつのことができるようになると、「もっとできるようになりたい」「もっと違うことに挑戦してみたい」という自分が、いないわけでもありません。でも、それが自分の範疇を超えそうだなと思ったとき、私は潔く手放すようにしています。私にとって、何より大切なのは家族。私の幸せは、家族と笑顔で暮らすこと、それを忘れずにいたいのです。

『sweet home おうちがいちばん』は最初に出した本のタイトルですが、これはいつも私の心にある言葉。今も、どんなときも自分を見失わないための軸になっています。家事も仕事も、大切なものが心にぶれずにあると、背筋をしゃんと伸ばして、清々しく取り組めそうな気がします。

年初に新調するお守りも、愛猫クリムの写真が入ったロケットも、私にとっては大切なことを気づかせてくれるアイテム。

自分の物差しで物を選ぶ

昔は、これを使っているのが格好いいとか、これが旬だとか。そんなことが物選びの基準に入っていたように思います。バッグを開けたときに「可愛い」と感じられるのが嬉しくて、持ち歩くハンドクリームを見た目だけで選んで、バッグの中で蓋が開いて、バッグを汚してしまったこともありました(笑)。そんな失敗も数々経験し、気取りが抜けた今は、よく使う日用品は、使いやすさや機能性が何よりだと思えるようになりました。

それとは別に、使い勝手に加えて、見た目を重視しながら選ぶ物もあります。それは、毎日の暮らしに彩りを添えてくれるような物。例えば、洗面台に置いてあると、朝気持ちが浮き立つ特別なオイルだったり、食事の支度が頑張れそうな器だったり。自分の気分を高めるために、物に頼ることも、ときには必要だと感じています。

若い頃は、自分が選ぶ物で自分のセンスが試されるような気がしていました。自分に自信がないから、どこか持ち物に引き上げてもらおうと思っていたのでしょう。そんな風に物と関わりながら、背伸びして買った物に自信をつけてもらったり、どこか不釣り合いを感じて気後れしたり。様々な経験を通して、今は「私が心地いい」と感じることを大切にできるようになりました。

今の自分の身の丈に合った物選び。そんな物とのつき合いかたが、本当の豊かさを教えてくれる気がします。

携帯用のティッシュ類に以前は手作りしたカバーをつけていました。今思えばどこかで人の目線を気にしていたのかもしれません。今はそのまま持ち歩くように。

五十代という年齢

普段は自分の年齢をそんなに意識しないのですが、五十代は、いろんなことが年々、変わっていくのを実感しています。

日本人の健康寿命は七十四歳と言われていますが、まさしく私の母も祖母も、ちょうどその年に病気になり、生活が変わりました。その状況に寄り添いながら、二十年後、三十年後の自分たちを重ね、「さて、今できることは？」と、思いを巡らすことも。そういう意味では、明るい未来への備えができるのも、もしかしたら今なのかもしれません。

すぐにできることは、やはり健康管理。昔は少々の不調ならそのままやり過ごしていましたが、ちゃんと病院に行くようになりました。年に一度の健康診断も欠かさずに受けて、半年に一度、歯周病予防も兼ねた歯科受診もしています。健康であればどんなことも、前向きに乗り越えられる気がするから、まずは元気でいようと思います。

それから、やりたいことがあるなら、小さなことも、ちょっとパワーのいることも、とにかくやってみようと、思うようにもなりました。とりあえず始めてみることで、何かひとつくらいはこの先に繋がることがあると思うのです。まず始めたいのは、毎日三十分の散歩。そして料理教室に通うこと。それから、また北欧に出かけて、現地の人と親しく会話をしたいから、英語も少し話せるようになりたいと思っているところです。

まわりの先輩方を見ていると、人生を満喫している方のほうが、輝いて見えます。私もいろいろなことを吸収しながら、小さな花がたくさん咲くように、将来の楽しみを増やしていきたいと思います。

残すお金で夢を叶える

今のマンションを購入したときに、自分たちの居場所ができたという期待感と、住宅ローンを払い終えなくてはという責任感が、同時に湧いてきました。本当に嬉しいことなのに、ちょっと不安なような、なんとも言えない気持ちになりました。

そんな気持ちを払拭するために、新調した長財布の目につく場所に、マジックで、「残すお金で夢を叶える」と書きました。今見るとちょっと笑えますが、当時の私なりの決意だったのです。

それからは、その財布に週ごとに分けて毎月の生活費を入れておき、残った分を貯蓄にまわすように。使わないのではなく、その中で自分たちの夢を欲張らずに叶えようと決めました。

時には、大きな出費もあります。十年ほどで買い替える車がそう。買い替えの目安は、十年乗ったか、もしくは六万キロ走ったか。だいたい、そのくらいで不調が出始め、見積もりを出すと修理代がかさみ、「では、買い替えるか」という話になります。わが家にとって車は、移動手段だけではなく、落ち着いて話せるリビングのような要素もあるから、車選びは大事なイベント。正面から見て、「あ、この子、笑ってる」と思える車が好きです。

私にとって「夢を叶える」という言葉には、将来に余力を残すという意味もあります。蓄えは、何かあったときに不安がらずに前を向いて進めるような、あと押しにもなってくれると思うのです。今はまだふたりとも働いているからと油断して、無駄遣いをしないようにしなければ(笑)。お金は、自分たちの時間と労力の対価だと思うから、将来を見据えて大切に向き合っていこうと思います。

冷蔵庫を探しているのですが、衝動買いができない性格もあり、じっくり調べてからにしようと思うと、なかなか判断がつきません。もうそろそろ壊れそうなので早く決めないと、と思っています。

週ごとの生活費を入れるのは何年か前から革の財布から、ハイタイドのレシートホルダーに変わりました。幾つかのポケットがあるので、分けて入れるのにとても便利。

もやもやは先に解決しておく

昔からなんとなく「病気とお金の話は他人にしないほうがいい」と思うところがあって、それを心がけてきました。確か、はじめて入った会社の上司か先輩にそう言われて、若かったこともあり、その言葉がずっと自分の中に残っていました。

以前足を悪くしたときも、あまり人にお伝えせずにいました。体調の都合で仕事をお断りするときも、理由を伝えず、相手によっては気を悪くされてしまうことも。また、言いそびれているうちに、実際よりも深刻な病状だと思われてしまい、かえって余計な心配をかけてしまうこともありました。

そんな反省もあって、今は病気とお金の話こそ、さらっと明るく伝えておこうと思っています。仕事や生活に関わることは、伝えずに抱え込んでしまうよりも、素直に話したほうが、わだかまりなくつき合えます。それからは「足の

調子が悪いので、よかったら荷物を運ぶのを手伝っていただけますか?」と、まわりの人に甘えられるようにもなりました。

お金については、もやもやしないよう先手を打っていることもあります。それは、適正価格を把握しておくこと。通販で普段の価格より高いことに気づかなかったり、手数料や送料がかかってしまったり。あとで悶々としないよう、確認する冷静さを持ち合わせることも、気持ちよく買い物するための、秘訣だと思います。

人との関わりでも、何ごとも風通しよくしておくほうが気兼ねなくつき合えます。言いにくい話こそ最初に伝えておいたり、わからなければ確認したり。そのほうが誠実だと思うから、お互いのもやもやは先に払拭しておこうと思うのです。

この先の暮らしかた

　ここに住むようになって二十五年。好きなインテリアを少しずつ揃え、何度かリフォームもしながら、日々、心地いい空間になるよう整えてきました。夫婦ふたりで暮らすには、この六十平米ほどの空間がちょうどよく、東南向きの角部屋なので、一日中やわらかな日差しが降り注ぐところも気に入っています。ベランダ越しに眺める空もとても広く感じて、何度癒されたことか……。十年ほど前にリノベーションしたときは、終の住処と思いながら、空間づくりをしていたことを思い出します。

　それでも、この十年の間に母が患ったり、愛猫クリムも病気がちになったり。まわりの環境や、それに合わせた私たちの暮らしかたも随分変わりました。

　家族の気配が感じられるよう、あえて個室をなくしたワンルームのわが家ですが、それぞれがのんびりとくつろげるようなスペースがあったら……と、思うようにもなりました。若く元気で、自分たちのことだけ考えていたらいい年齢から、まわりのことも気遣う年頃になったのだと、最近つくづく感じています。

　また、これから先、夫が家にいる時間が長くなったときのことも、想像しています。家で私が仕事を続けるにあたり、やはりもうひと部屋あったら、夫が気兼ねせずくつろげるだろうと思うのです。家族が落ち着いて過ごせる場所。そんな住処が私の理想です。あれこれ思いを巡らせながら、家族笑って寄り添えることが、何より幸せだと思うから、今は、この先の暮らしかたを探っているところです。

一週間分の新聞がためられるようにと作った、ペーパーバッグホルダー。今は新聞も、Ipadで読むようになり、十年前と今とでは、変わったことがたくさんあります。

KEITH JARRETT
ECM

毎日笑顔で過ごせますように……

内田彩仍

福岡県に夫と愛猫クリムと暮らす。ナチュラルで丁寧な暮らしぶりやセンスある着こなしが女性誌やライフスタイル誌などで紹介され、人気を集める。主な著書に『いとおしむ暮らし』(主婦と生活社)、『暮らしのつなぎ方』(宝島社)、『重ねる、暮らし』(マイナビ出版)などがある。

ブックデザイン　葉田いづみ
写真　大森今日子
協力　福山雅美

幸せな習慣
心地いい毎日のつくりかた

2019年10月4日　第1版第1刷発行

著　者　内田彩仍
発行者　清水卓智
発行所　株式会社PHPエディターズ・グループ
〒135-0061　江東区豊洲5-6-52
03-6204-2931
http://www.peg.co.jp/
発売元　株式会社PHP研究所
東京本部　〒135-8137　江東区豊洲5-6-52
普及部　03-3520-9630
京都本部　〒601-8411　京都市南区西九条北ノ内町11
PHP INTERFACE　https://www.php.co.jp/
印刷・製本所　凸版印刷株式会社

ISBN978-4-569-84384-1